마음을 다독이는
감정수업

마음을 다독이는 감정수업

곽소현 지음

길위의책

당신은 선물 같은
존재입니다

"안녕한가요, 당신?"

25년 동안 상담실에서 만나는 사람들에게 나는 이 질문을 끊임없이 해왔다. 싫증을 잘 내는 성격인 내가 그 오랜 세월 상담을 해왔다는 사실이 믿기지 않는다. 누군가의 마음에 던지는 이 작은 한마디는 잔잔한 파문으로 내게 다시 돌아왔고, 은유와 언어 사이의 충만함이 나를 여기까지 이끌지 않았나 싶다. 손을 제대로 잡아주지 못했고, 옆에 있어주지 못했으며, 사랑한다는 말을 전하지 못한 당신을 생각하며 글을 적었다.

'안녕하냐?'는 질문은 '당신이 아프지 않으면 좋겠고, 우울하지 않으면 좋겠고, 잘살면 좋겠다'는 마음의 함축이다. 그리고 당신에게 해주고 싶은 말은,

당신이 느끼는 두려움, 불안, 화, 무기력, 나이듦에 대한 혼란스러움까지, 모든 감정은 자연스러운 것이라는 사실이다.

나이가 들어간다는 것은 변하고 사라지는 것에 대한 수용이다. 감정의 찌꺼기를 게워낸 자리는 아름답다. 나쁘게만 보이는 것조차 나를 여기까지 데려온 동력이고, 앞으로 나와 함께 살아갈 감정의 모태가 된다. 쉼의 시간이 필요할 때 작은 카페를 찾아가 차 한잔 하는 것, 허전한 마음을 달래는 것처럼 아주 작은 것에서 시작할 수 있다.

나를 고생시킨 것이 타인의 시선이었다면, 이제는 자기 내면의 울림에 귀 기울여야 한다. 지금껏 살아온 인생 궤적을 따라가다 보면 지우고 다독인 흔적이 있을 것이다. 포스트코로나 시대에 우리가 되찾아야 할 것은 마스크 속 숨겨진 표정, 정서적 교감, 그리고 희망이라는 단어가 아닐까 한다. 꽃 한 송이 제대로 피워보지 못했다면, 이제라도 자기 마음속 어둠과 그림자를 만나야 한다. 지나온 삶을 수용하고, 몸의 변화와 감정을 인지하는 것, 그리고 누군가에게 내어줌의 시간이 필요하다.

매일이 똑같은 일상이라도 '어제는 흐림', '오늘은 맑음'과 같이 날마다 감정은 달라진다. 우울 때문에 날마다 고통스러움을 느끼는 것, 불안이 무서워 차라리 아무것도 하지 않고 무기력에 빠져버리는 것, 화 때문에 가슴의 통증과 숨 쉬는 곤란을 경험하는 것… 이처럼 각자의 마음속에는 자신을 갉아먹는 감정의 유령들이 있다. 하지만 더욱 자신을 힘들게 하는 것은 현실의 상황이 아니라 다독이지 않은 마음속 감정이다.

"아팠다는 것을 알아주는 것만으로도 큰 위로가 된다."

마음속 감정을 들여다보는 것 자체가 자신의 근원지를 찾아가는 과정이다. 아픈 감정들을 그대로 인정하고 알아차리는 것만으로도 치유의 힘이 있다. 별 탈 없이 잘살아온 것 같은데 가슴에서 뭔가 비집고 나와 별일 아닌 것에도 울컥하고 눈물이 흐르는 것은 이제 자신을 좀 봐달라는 신호다. 과거의 상처에 얽매인 줄을 끊지 못하고 정신적 외상(트라우마)으로 고통당하는 사람들도 있다. 내가 힘든데도 남을 신경 쓰느라 행복한 척 감정을 억압하며 마음의 병을 키워왔기 때문이다. 이제는 긴 한숨을 쉬어도 되고, 울고 싶을 때는 울어도 된다. 아프고 추웠던 날들이 자꾸 나를 잡아 끈다면 그 지점으로 돌아가서 자신을 보듬어야 한다.

"괜찮아, 그때는 그게 최선이었어."
"많이 아팠어."

늦게라도 마음을 알아주면 마음의 상처도 가라앉는다. 마음에 난 가시를 하나씩 뽑아내는 것은 상담을 통해서, 혹은 관심 가져주는 사람을 통해서 회복되기도 한다. 하지만 고통의 깊이가 커서 트라우마가 되었다면 회복 기간도 오래 걸린다는 사실을 알아야 한다. 무엇보다 과거를 원망하지도 아직 오지 않은 미래를 겁내지도 말고, 지금 내가 할 수 있는 작은 것부터 시도하는 것이 중요하다. 무조건 침대에서 일어나 물 한잔을 마시는 것, 10분이라도 스트레칭을 하는 것, 작은 손거울을 가까이에 두고 미소를 지어보는 것… 기적은 그렇게 작은 행동에서 나온다.

'잘살고 있는 것일까?' 하는 의구심이 생기면 "그럼, 잘살고 있어" 하고 스스로를 다독일 줄도 알아야 한다. 너무 애쓰지 말고 감당할 만큼만 하면 된다. '그동안 치열하게 살아왔는데 내게 남은 것은 뭘까?' 하는 의문이 생기는가? 그건 '일'만 하느라 '나'를 잊고 살았기 때문이다. 지금 무엇을 바라보느냐에 따라 미래는 달라진다. 100세 현역은 좋아하는 것, 가슴 뛰는 일을 시작하는 사람에게 열려 있다. 무엇을 시작하기에 늦은 나이는 없다. 무섭다고 숨지 말고 밖을 향해 나가야 한다.

나를 찾아가는 여정과 함께 타인의 관계를 정비해야 할 시기가 바로 지금이다. 사랑하는 사람과 눈빛을 나누는 법을 배우고, 같은 곳을 바라볼 수 있는 접점을 찾아가야 한다. 떨어지고 피어나는 꽃처럼 여전히 낭만을 믿으며, 여성으로서의 매력을 포기하지도 말자. 여성에게 마흔은 '나를 찾는 전환점'이며, 어느 시기보다 '충족감'을 느낄 수 있는 시기가 될 수 있다.

최근 수년간 상담실에서 혹은 카페에서 사오십 대 여성들을 만나면서 인생의 전환기에서 겪는 몸과 마음, 가족이나 주변으로부터 소외된 경험과 힘듦에 대한 그녀들의 삶에 귀를 기울여왔다. 각 장을 시작하면서 그녀들과 함께 나누었던 이야기들을 대담 형식으로 소개했다. 또한 다양한 에피소드에 심리적 이해와 인문학적 해석을 곁들였으며, 감정치유 기법과 명언 필사하기를 실었다.

이 책을 읽으며 그동안 자신이 굳게 믿어왔던 것에 대해 한 번쯤 의심해보는 계기가 되면 좋겠다. 세상으로 직진했던 삶을 잠시 멈추고, 나를 바라보는 시간을 내보자. 당신은 스스로에게 그리고 누군가에게 선물 같은 존재다.

"당신은 충분합니다. 그리고, 당신의 감정은 무조건 옳습니다."

곽소현

Contents

3장 내 감정 알아차리기

4장 혼자만의 시간 갖기

당신이 아프지 않으면 좋겠고,
우울하지 않으면 좋겠고, 잘살면 좋겠습니다.
그리고 당신에게 해주고 싶은 말은, 당신이 느끼는 두려움,
무기력, 존재감에 대한 혼란과 같은 감정은
자연스러운 것이라는 사실입니다.

당신은 지금도 앞으로도
안녕할 자격이 충분하다

1장

내가 살아온 삶

"

    나이가 들면서 우울, 분노, 갈등 등 수많은 감정들이 스멀스멀 올라와 어려움을 겪는 여성들이 많다. 각 장마다 소개되는 대담 내용은 필자가 상담실에서 만난 내담자들의 감정치유 과정을 가상의 인물인 '민영' 씨를 통해 보여줌으로써 독자도 감정을 치유 받는 경험을 하도록 돕고자 한다.

"

내가 누군지조차 모르고
살아왔어요

상담자 민영 씨, 잘 지내셨나요?

민영 씨 별일은 없었어요. 그런데 이유 없이 기분이 처져서
힘들었어요.

상담자 어떤 상황이 있었던 건 아니고요?

민영 씨 주말에 낮잠을 잤는데, 잠결에 딸하고 남편이 짜장
면을 시켜 먹으며 웃고 떠드는 소리가 들렸어요.

상담자 그게 거슬렸나요?

민영 씨 네, 깨우지도 않고 자기들끼리 먹는 게 화가 났어
요. 화낼 일은 아닌데, 나한테 먹으라는 소리도 안
하고… 그게 빈정이 상했어요.

상담자 크게 화낼 일은 아닌 것 같은데, 서운하셨군요.

민영 씨 네. 요즘 부쩍 서운한 게 많아요. 남편 뒷바라지에
딸아이 학원 보내고 하느라 나한테는 돈을 거의 안

썼어요. 이 옷도 길 가다 산 거예요.

상담자 예쁜데요. 이제는 민영 씨 자신한테 돈을 좀 써도 되지 않나요?

민영 씨 이제 큰돈 들어갈 데도 없는데, 나한테는 돈을 못 쓰겠어요. 그런데 가족들이 그걸 당연하게 여겨서 속상해요. 자기들은 막 쓰면서 내가 뭐 좀 사면 합세해서 뭐라 하는데, 눈물이 핑 돌아요. 갱년기 때문인 것 같기도 하구요.

상담자 평소에 표현을 잘 안 하고 오래 참고 살다가 갱년기가 겹치면 별것 아닌 일에도 감정 조절이 안 될 수 있어요. 방치하면 갱년기 우울증이 올 수도 있고요. 이제는 주장도 하고, 자신을 위해 돈도 쓰면서 살면 좋을 것 같아요.

민영 씨 그 순간에는 아무 생각이 안 나서 말을 못 해요. 나중에 생각하면 얼굴이 화끈거리고 억울해서 괜히 소리를 지르고 짜증내거나 울 때도 있어요.

상담자 그러면 가족들이 피하지 않나요?

민영 씨 왜 짜증을 내냐고 뭐라 해요. 성격도 까다로워졌다고 하구요. 가족들이 나를 자꾸 몰아붙이니까 모든 게 허무해요. 집안일도 귀찮고, 혼자 있을 땐 괜히 기분이 나빠요. 남편 출근하고 나면 침대에 누워 있다가 겨우 일어나 청소해요. 남들은 다 재미있게 사는 것 같은데 나만 칙칙하게 사는 것 같아요. 열심히 살아왔는데 이게 뭔가 싶고, 가족한테 내 손 갈 일이 줄어드니까 쓸모 없는 사람이 된 것 같기도 하고, 혼자 남겨진 것 같아요.

상담자 가족이 나를 알아주지 않아서 외롭고 소외감도 느끼시나 봐요. 스스로 생각하기에도 짜증이 많아진 것 같나요?

민영 씨 네. (눈시울을 붉히며 운다.) 짜증 때문에 얼굴이 더 검어진 것 같고, 갑자기 확 늙어버린 기분이에요. 새치도 생기고, 얼굴은 열이 오르면 빨개져서 사람들 만나는 것도 꺼려져요. 친구들한테 전화가 와도 안 받아요. 세 번 와야 한 번 받나 봐요. 메시지는 거의 한 달 동안 답변을 안 해서 무슨 일 있느냐고 난리들이에요. 싫으면 피하는 게 습관이 됐어요. 막상 나가면 사람들이 좋아해주니까 기분은 좋은데, 나가기까지가 힘들어요.

상담자 사람에 따라 갱년기가 빨리 오기도 해요. 안면홍조나 감정 기복이 있고, 피부 노화나 새치가 생기는 것도 자연스러운 현상이죠. 그것을 인정하지 않고 자신을 방치하면 잠도 설치게 되죠.

민영 씨 그런가 봐요. 집안일도 줄었는데 이것저것 고민하다 새벽에야 잠을 자요. 그래서 늦잠을 자게 되고, 늘 피곤해요.

상담자 무슨 고민을 주로 하나요?

민영 씨 딱히 큰 고민은 아니에요. 나라는 존재가 뭔가 싶어요. 남편에게 서운하다가도, 힘들게 일하는데 나만 이렇게 빈둥거려도 되나 싶기도 하고, 마음의 갈피를 못 잡겠어요.

상담자 그럼 뭐라도 좋아하는 걸 해보는 건 어떨까요?

민영 씨 매사에 흥미가 없어요. TV 드라마를 보다 보면 시간 가는 줄 모르고 몇 시간째 멍하니 있는 저를 발견해요. 내가 누군지조차 모르겠어요. 이대로는 싫은데, 고민만 해요. 게으른 건 싫어서 청소기를 몇 번 돌리고, 남편이랑 아이 올 시간에는 집밖에도 안 나가요. 내 삶이 퇴보하고 있는 것 같아요.

상담자 그동안 아내로서 엄마로서 살다 보니 개인정체성에 혼란이 온 것 같아요. 역할이 줄어드는 데서 오는 허전함도 있고요. 사십 대 전까지는 '역할정체성'에 치중하지만, 그 이후에는 '개인정체성'과 균형을 이루어야 '통합된 자기'에서 오는 만족감이 있어요. 역할이 줄어들기 이전부터 자신을 위해서도 시간을 내주는 연습이 필요해요.

민영 씨 그동안 그럴 여유가 없었어요. 남들한테 내 기분을 들키고 싶지도 않았고요.

상담자 그동안 쉬지 않고 달려온 거죠. 피곤과 스트레스에 지쳤는데, '괜찮은 척' 숨기며 살아온 것 같아요. 충분히 잘살아왔는데 자책까지 하며 스스로를 괴롭히고 있었던 거죠.

민영 씨 어떻게 해야 할까요, 선생님.

상담자 게을러도 되고, 멍 때려도 돼요. 하루에 20분이라도 잠시 '하던 일'을 멈춰보세요. 깊은 복식호흡이나 명상을 해도 좋고요. 명상할 때 에크하르트 톨레의 《지금 이 순간을 살아라》 같은 책도 활용해보구요. 그리고 스스로에게 '괜찮다'고 말해주세요. '나다운 나'를 만나기 위해 먼저 '자기 보듬기'를 하면 좋아요.

민영 씨 '나다운 나'는 뭘까요?

상담자 뭐라고 생각하세요?

민영 씨 그래도 좀 멋지고 남이 봐도 괜찮아 보여야 할 것 같아요.

상담자 남을 의식하는 것이 습관이 되면 '나'는 보이지 않아요.

민영 씨 그게 잘 안 고쳐지네요. 그것 때문에 더 힘든 것 같기도 해요.

상담자 이제부터라도 결단해보세요. '나다운 나'는 멋지고 근사한 모습만 말하지 않아요. 부족하고 나약한 모습조차도 '나'예요.

민영 씨 요즘 마음 상태가 안 좋아서 그런지 우울하고 공허했던 것 같아요.

상담자 심리학자 융(Jung)은 자신의 어두운 면인 '그림자'까지 예뻐해야 삶의 균형이 잡힌다고 했어요. 중년이 되면 균형을 잡기 위해 내면에서는 치열한 싸움을 하게 되지요.

민영 씨 저만 그런 게 아니었네요. 제가 게으른 것도 아니었고요. ("아, 그렇구나." 혼자소리를 한다.)

상담자 맞아요.

민영 씨 뭔지 모르지만 치열한 싸움을 하고 있었던 것 같아요. 가끔은 멍해졌지만요. 남들은 제가 힘들어하는 줄 정말 몰라요. '괜찮은 척'만 하고, 싫어도 거절 못

하고 그래서 힘들었던 것 같아요. 이제부터 '무슨무
슨 척'하지 말고 살아봐야겠어요.

상담자   행복한 척, 좋아하는 척, 괜찮은 척! 이 3가지 '척'만
안 해도 '새로운 나'를 만나는 데 도움이 될 거예요.

혼자만 착한 당신,
이제 그만하자

나를 드러내도 괜찮다

정은 씨는 자신을 위해서는 돈을 거의 쓰지 않는다. 귀찮아도 할인 품목을 골라서 장을 보고, 한여름 복날엔 집에서 삼계탕을 끓인다. 그렇게 절약해서 모은 돈은 남편이나 자식들을 위해 쓴다. 그런데 가만히 보니 남편과 아이들은 돈을 막 쓴다. 돈 아끼라는 얘기 좀 그만하라며 가족들이 똘똘 뭉쳐 따질 때는 그렇게 허망할 수가 없다.

그런데 어느 날 거울을 보니 화려함과는 거리가 먼, 아니 검소하기 짝이 없는 중년 여성의 건조한 표정이 눈에 들어왔다. 갑자기, 그동안 희생한 대가가 이건가 싶은 생각이 밀려들었다.

가족들을 위해 아끼고 살아왔건만 가족들이 알아주지 않는 현실이 마음에 꽂혔다.

'그래, 결심했어!'

그녀는 이제라도 자신을 위해 돈을 쓰기로 마음먹었다. 망설이다가 혹은 미루다가 못 하게 될까 봐 그녀는 바로 집에서 나와 근처 쇼핑몰로 갔다. 그 안에 있는 문화센터에 회원등록을 하고, 원피스를 포함해 옷도 몇 벌 샀다. 저녁에는 가족들 앞에서 오랜만에 산 옷을 입고 패션쇼를 했다. 그런데 가족들은 낯설어할 뿐 호응을 하지 않았다. 예쁘다거나, 잘 어울린다는 한마디 하는 것이 그렇게 힘든 일일까? 나는 이러면 안 되는 걸까? 가족들이 남 같았다.

가족들은 희생만 하던 정은 씨가 갑자기 자기를 챙기는 모습을 곱게 보지 않았다. 아들은 더운 날에도 선풍기를 돌리던 짠순이 엄마가 에어컨을 켜고 카페에 가서 아이스 아메리카노를 마시며 시간을 보내고 오는 모습이 이상하다고 했다. 남편은 새 원피스를 입은 모습이 낯설다며 갑자기 왜 낭비하느냐고 했다.

남을 위해 사는 사람은 자기에게 인색하다. 자기를 위해 돈을 쓰고 자기의 욕구를 들여다보는 것을 어색해하고 괜히 미안해한다. 주변 사람들은, 자기에게 인색하던 사람이 갑자기 변하면 당황하며 "무슨 일 있어?"라고 묻는다. 마치 만날 술값을 내던 친구가 어느 날부터 지갑을 열지 않으면 뒤에서 수군대듯, 늘 주기만 하던 사람이 그렇게 안 하면 "자기밖에 모르는 개인주의자가 됐어"라며 뒷말을 한다. 이제부터 나를 챙기겠다는데 그 마음을 주변 사람들은 받아들이지 못한다. 이해해줄 거라고 믿었던 가족조차 그렇다.

개인의 욕망보다 가족이라는 집단을 먼저 생각하는 것이 가족주의이다. 1970~1980년대에 실용주의가 강조되기 시작하면서 가족 중심에서 개인 중심으로 사고방식이 바뀌었지만 갈수록 팽배해지는 경쟁의 압박으로부터 자신을 보호할 공간이 가족밖에 없다는 굳은 신념은 날로 심화될 것으로 보인다. 그런 점에서 우리나라에는 '가족주의의 종말'이 없다. 그래서 여전히 여성들은 개인정체성을 찾지 못하고 가족주의의 희생양이 되고 있어 안타깝다.

희생은 분노와 원망을 낳는다

'나 한 사람만 희생하면 가족이 편안할 것 같아서' 자신을 혹사시키며 살아온 엄마들이 대다수다. 그런 엄마들의 머릿속은 '아이들은 나보다 더 잘살아야 해', '남편이 승진할 때까지만 견디자'라는 생각으로 가득 차 있다.

그런데 자녀가 내 뜻대로 되지 않고 남편의 승진이 자꾸 미뤄지는 데다 명예퇴직의 압박까지 있다면, 그래서 지금의 희생이 영영 끝나지 않을 것 같다면 어찌할 것인가? '내게 남은 것은 무엇인가'라는 회한이 밀려오면서 참았던 분노가 상대를 향해 솟구칠 것이다. 어쩌면 그런 위기 상황에서 필요한 것이 가족의 힘일 텐데 말이다.

그래서 가족을 위해 살아가는 엄마일수록 분노가 남지 않을 만큼만 희생하고 자신에게 투자하며 살아야 한다. 이제까지의 희생이 헛수고라는 생각이 들지 않으려면 남을 챙기는 만큼 자신을 챙겨야 한다. 그래야 원하는 대로 상황이 흘러가지 않더라도 원망이 남지 않는다. 베풀고 후회하느니 처음부터 안 하는 게 낫다.

희생하며 가족만 챙기는 건 어쩌면 가족에게 죄책감과 부담감을 심어주는 일이 될 수도 있다. 정은 씨가 그렇게 자랐다. 정은 씨는 부모의 희생을 양분 삼아 자란 사람이다. 그녀의 부모는 그 당시에는 꿈도 꾸지 못할 해외유학을 보내주었다. 형편이 안 되는데도 부모가 고생해서 무리한 유학을 보내준 사실을 그녀는 너무나 잘 알고 있다. 그래서일까? 그녀는 해외유학의 보람도 없이 그저 가정주부로서 평범한 삶을 살아가는 자신이 내

세울 것 없는 사람처럼 느껴진다. 그리고 부모만 보면 미안하고 죄스럽다. 그런 마음의 짐을 덜어놓는 길은 자녀를 잘 키우는 것이라는 생각에 자신이 못 이룬 꿈을 대신 이뤄주길 바라는 소망을 보태 자녀교육에 안간힘을 쓰고 있다.

하지만 자녀는 자녀의 삶이 있다. 자기가 진 마음의 짐은 결국 자기가 해내야 할 몫이며, 그 누구도 대신 해줄 수 없다. 내 꿈을 대신 이뤄줄 대상을 향한 과도한 희생은 집착으로 변질되어 또 다른 희생자를 낳는다. 또한 희생만 하는 사람, 즉 엄마가 배제된 가족의 행복은 오래가지 못한다.

내가 나를 알아주어야 한다

이제라도 자신에게로 관심을 돌려야 한다. 자기에게 관심 갖는 것에 죄책감을 갖지 않아도 된다. 혹 갑자기 변한 자신을 향해 누군가가 '이기주의자'라고 말해도 신경 쓰지 말자. 그런 말은 처음에 잠깐 나올 뿐, 곧 사라질 소리다.

'착한 사람 콤플렉스'도 버리자. 착하다는 말은 듣지 않아도 된다. 평생 무의식적으로 해오던 습관을 바꾸려면 강하게 거부해야 하듯 '착한 사람 콤플렉스'도 의식적으로 쫓아내지 않으면 자꾸 수면 위로 올라온다.

그 대신 '지금 내게 가장 필요한 것은 무엇일까?'를 꾸준히 생각하자. 쉼과 여유인지, 일의 성취인지, 물질의 풍요인지, 감정 해소인지 생각해보자. 남을 책임지는 것만큼이나 자신의 욕구를 돌아볼 책임이 자신에게 있다는 사실을 마음에 새기자. 그렇다고 해서 자신을 몰아붙이지만 말고 변호할 여지를 주자. 비난의 소리는 외부로부터 오는 것보다 내 안에서 시작되는 경우가 더 많다.

'희생하면 언젠가는 알아주겠지'라는 생각을 버리자. 누군가 나를 알아주는 것이 뭐 그리 중요한가? 남에게 돌렸던 관심과 애정을 이젠 나 자신을 위해 쓰자.

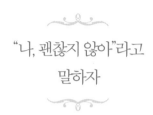

"나, 괜찮지 않아"라고
말하자

괜찮은 척하다 쓰러진다

　소영 씨는 결혼해서 첫 아이로 딸을 낳았다. 그때 시어머니
가 한 말을 잊지 못한다. "아들이 아니네"라는 말에 놀랄 틈도
없이 "어떻게 아빠를 닮은 데가 하나 없고 너만 닮았냐"라며 푸
념하듯 던진 말이 송곳처럼 마음을 찔렀다. '그럴 수 있다'는 남
편의 대수롭지 않은 태도에 화가 더 났다. 진통을 겪고 죽음의
고비를 거쳐 아이를 낳았는데 그런 고통쯤은 저들과는 상관이
없구나 하는 생각에 소외감이 밀려왔다. 남자 하나 보고 결혼했
는데, 자기 엄마와 합세해 갑질을 하는구나 싶어 분한 마음도
일었다.

그 이후로 소영 씨는 몇 년을 마음의 문을 굳게 닫고 살았다. 내 딸이니 내가 키울 거라며, 직장생활과 집안일에 버둥대면서도 혼자 아이를 키우려고 애썼다. 시어머니가 아이를 봐준다는 핑계로 집 주변을 기웃거리면 "바쁘신데 안 오셔도 돼요", "신경 쓰지 마세요"라는 말로 거리를 두었다. 그뿐만이 아니었다. 남편이 회사일로 귀가가 늦을 거라는 연락이 때로는 반가웠다. 딸과 둘만의 시간을 가질 수 있기 때문이었다. 그렇게 소영 씨는 시어머니와 남편을 포함해서 그 누구도 딸의 양육에 개입시키지 않았다.

일단 내 맘대로 했으니 속이 후련했지만, 아이는 순탄히 자라지 못했다. 유치원에 가거나 낯선 상황을 만나면 경기를 일으켰고, 엄마만 졸졸 따라다녔다. 소영 씨는 겉으로는 힘들지 않은 척 모든 것이 괜찮은 척 행동했지만, 혼자서 아이를 키우는 것이 쉽지는 않았다. 하지만 아이 앞에선 절대 힘든 내색을 하지 않았고, 아이의 일이라면 팔을 걷어붙이고 나서서 해결해주었다.

억울했던 일은 속으로만 삼켜버리면 그만일 것 같지만 시간이 흘러도 잘 잊히지 않는다. 만약 소영 씨가 시어머니의 말을 듣고 그 자리에서 "그렇게 말씀하시니 서운해요"라고 한마디 했다면 어땠을까? 그랬어도 지금처럼 마음에 앙금이 두껍게 앉았을까? 하지만 다시 그때로 돌아가도 같은 상황이 반복될 확률이 더 높다. 새댁이 시어머니 앞에서 싫은 내색을 보이는 게 쉽지 않은 일임은 분명하니까.

이제 중학생인 딸은 사춘기를 겪으며 엄마를 만만하게 보고 함부로 행동하고 있다. 제대로 뒤통수를 맞은 기분이다. 그런데도 소영 씨는 딸에게 "그러면 안 돼"라고 선을 긋지 못하고 있다. 이렇게 지내다 보면 소영 씨는 딸이 결혼을 하고 아이를 낳은 뒤에도 계속 딸의 뒤를 봐주어야 할 확률이 높다. 혼자 아이를 다 키웠다고 큰소리치지만, 아이를 자기편으로 만들고 아빠와 친해질 기회를 주지 않으면서 엄마의 권력만 쌓았으니 시어머니와 크게 다르지 않다.

지치고 힘들어 속으로 울면서도 괜찮은 척 의연한 척하는 게 성숙한 모습으로 비춰질 수도 있다. 아이를 위한 배려 같기도 하다. 하지만 '좋은 엄마, 좋은 며느리, 좋은 아내인 척' 행동하는 것은 남에게 보이기 위한 모습이지, 진짜 내 모습은 아니다. 진짜 모습을 보여주지 않고 '~척'하는 것은 결국 나와 아이 모두에게 나쁜 영향을 주게 된다.

비열하거나 궁색한 내 모습도 받아들여야 한다

행복한 척, 좋아하는 척, 괜찮은 척! 이렇게 '3척'을 하면 잠깐 남을 속일 수는 있지만 자신의 본 모습은 바뀌지 않는다. 오히려 더 비열하고 궁색해진다.

혼자 뒤척이며 밤잠을 설친다는 것은 힘들다는 증거다. 우울증은 수면장애를 동반하는 경우가 많다. 척하는 건 다른 사람의 보살핌과 도움이 필요해서라고 인정하면 되는데 자존심만 내세우니 낮에는 자신을 속이고 밤에는 잠을 설치는 것이다. 척하는 행동의 이면엔 보살핌을 받고 싶은 마음이 숨어 있다. '부양'과 '의존'은 따로 떼어놓을 수 없는 개념이다.

체호프(Anton Chekhov)의 단편소설 《귀여운 여인》의 주인공 올렌카는 누가 봐도 사랑스러운 여인이다. 누군가를 좋아하고 따르며 순응한다. 어린 시절에는 아빠와 숙모를 따랐고, 첫 남편이었던 야외극장 지배인에게도, 재혼한 남편인 목재상에게도 맞추며 살았다. 중년 이후에는 수의사의 어린 외동아들을 돌볼 때만 자신의 존재 가치를 느낀다.

올렌카의 모습을 보면 타인에게 기대 살았던 엄마 세대의 삶을 그대로 옮겨놓은 듯하다. 보살피는 엄마의 내면에는 의존하는 마음이 숨어 있다. 삼사십 대 엄마들 중에도 사랑한다는 이유로 숨이 막힐 정도로 가족을 끌어안고 놔주지 않는 엄마들이 많다. 자녀가 심리적으로 독립해 엄마의 보살핌을 귀찮아하는데도 눈치 없이 섭섭해만 한다. 엄마 세대와 다를 게 없다.

나를 인정해야 아픔이 풀어진다

자식에게, 남편에게 의존하지 않고 주체적으로 살아가려면 가장 먼저 자기를 통찰해야 한다. 가장 손쉬운 방법은 자신의 어두운 면, 부정적인 면을 수용하는 것이다. 남을 탓하기 전에 자신을 먼저 살펴보는 것이다. 싫은 소리를 못 견디고, 나에게 상처 준 사람을 곱씹으며 연민에 빠지는 것도 자기의 어두운 구석이다. '괜찮지 않은 모습도 나'라고 받아들여야 한다.

어릴 때부터 상처가 많았던 루이즈 부르주아(Louise Bourgeois)는 작품 활동을 하며 자신의 아픔을 풀어낸다. 〈마망〉(Maman, 2006)은 거대한 거미를 형상화한 조각 작품으로, 엄마와 아기 거미의 모습에서 엄마에 대한 연민과 보살핌의 욕구가 보인다. 또한 젖은 천에 빨간 물감을 떨어트려 그린 〈여성〉(Femme, 2008)과 〈꽃〉(Les Fleurs, 2009) 등 수많은 작품을 통해 부르주아는 좋은 딸이자 누나, 좋은 아내이자 엄마의 상을 찾는다. 다른 여인을 사랑했던 아버지의 경솔함을 용서하고, 어머니에 대한 연민과 병석에 누워 있던 어머니를 살려내지 못한 자신을 용서하고, 꽃으로 재생과 부활을 꿈꾼다.

부르주아가 그랬듯 자신의 상처를 만나고 괜찮지 않은 자기 모습도 인정해야 관계가 회복된다. "나, 괜찮지 않지만 그럭저럭 잘살고 있어"라고 솔직하게 말하자. 불행을 떠들고 다닐 필요는 없지만, 고통스러운 마음을 숨길 필요는 없다.

울지 않으려고
입술을 깨물지 말자

눈물이 멈춰버렸다

열여덟 살 초코가 이상 증세를 보였다. 발을 쭉 뻗고 숨을 헐떡이며 밤새 끙끙대더니 결국 아침에 하늘나라로 갔다. 남편은 초코를 부둥켜안고 소리 내어 울었다. '초코'는 '초코푸들'을 줄인 강아지 이름이다. '초코 산책 한 번 안 시키고 밥 한 번 챙겨주지 않던 사람이 눈물바가지는 뭐야?' 은영 씨는 의아했다. 더 어이가 없는 건, 평소 초코를 극진히 보살핀 자신은 정작 눈물 한 방울 안 난 것이다. 슬픔은 머리끝까지 차올랐는데 울음이 터지지 않았다.

필자는 은영 씨와 달리 어릴 때부터 별명이 '울보'였다. 동생과 싸우다 혼나면 억울해서 울었고, 학교 성적이 떨어졌다고 울었고, 시골 할머니 댁에 갈 때는 엄마와 떨어지는 게 싫어서 울었고, 다시 서울로 올 때는 멀어지는 할머니가 보고 싶어 울었다. 심지어 변비 때문에 똥이 안 나와도 울었다. 지금도 눈물이 많다. 음악회에서 멜로디에 빠져서 울고, 예배 시간에는 어떤 말씀 한마디에 꽂혀서 흠뻑 운다. 남들이 볼까 싶어 속으로 '또 시작이야'라고 스스로에게 속삭이며 눈물을 그치려 하지만 틀어놓은 눈물꼭지는 멈출 줄 모른다.

남들이 보면 무슨 설움이 저리 많을까 오해를 하고, 필자를 잘 아는 사람들은 "감성 좀 죽이고 살라"며 핀잔을 주고, 처음 만나는 사람들에게선 "눈이 슬퍼 보인다"는 말을 자주 듣지만 이런 내 모습을 나는 굳이 고치려 하지 않는다. 어릴 때 듣던 울보 소리가 듣기 싫어 한동안 독하다는 소리까지 들으며 울음을 끊었지만, 그 부작용 때문인지 눈물 바람이 불면 그치질 않는다.

살다 보면 어느 날 갑자기 소중한 존재를 잃어버릴 때가 있다. 사랑하는 존재와의 이별은 슬픈 일이다. 떠나보냈음을 인정해야 비로소 눈물이 나온다. 남편을 떠나보내도, 자식을 앞세워도, 집에서 키우던 강아지를 보내고도 눈물이 나지 않는 것은 실감이 나지 않기 때문이다. 그 상황을 어떻게 받아들여야 할지 막막하기 때문이다. 그럴 땐 억지로 주변을 정리하고 기억을 지우기보다는 그대로 두고 견디는 것도 나쁘지 않다. 어차피 시간이 지나야 해결될 감정이기 때문이다.

은영 씨에 대해 그녀의 남편은 이렇게 표현했다.

"쇳덩어리보다 더 강해요. 웬만한 일에도 당황하지 않아요."

사실 해준 것도 없으면서 강아지를 보내고 슬피 우는 행동이나, 애지중지하던 강아지를 보내고도 울지 않는 행동이나 다 정상 반응이다. 슬픔의 다른 표현일 뿐이다. 상실에 슬픔이 따르는 이유는 잊히고 소외당했던 경험, 홀로 내쳐진 기분, 끊어진 관계가 함께 느껴지기 때문이다.

"흔들리는 모습이나 우는 모습을 본 적이 없어요. 가끔 냉기가 흐른다고요."

억압된 감정은 아주 합리적이고 이성적인 차가움으로 표현된다. 결코 마음이 차가워서가 아니다. 남편의 말을 듣고 있던 은영 씨가 "누가 나를 이렇게 만들었는데"라고 중얼거리며 남편을 흘겨본다.

은영 씨는 아이의 잦은 잔병치레 때문에 응급실을 들락거리느라, 웬만한 집안일에 나 몰라라 하는 남편 대신 뭐든 해내느라 씩씩해졌다고 했다. 마음을 굳게 먹어야 하니 감정을 누르고 살 수밖에 없었을 것이다. 감정도 자신의 일부인데, 남편 탓하며 가슴속에 돌 하나 얹어놓고 살았던 것이다.

다 나와! 내가 다 해치운다

    살다 보면 안고 갈 수도 무시할 수도 삼킬 수도 없는 돌이 하나쯤 생긴다. 날마다 돌을 치우려고 애쓰기보다는 그냥 부둥켜안는 것, 울고 싶을 때 참지 말고 울어버리는 것이 해답이 될 수 있다.

    기억은 묘한 것이어서 과학조차 사실과 인식 사이의 간극을 다 밝혀내지 못하고 있다. 하지만 아팠던 일들도 잊히기 마련이다. "괜찮아, 시간이 흐르면 다 잘될 거야"라는 말이 사실일지 아닐지 두고 봐야 알겠지만, 지금은 아픈 자신을 토닥여주면 좋겠다. 가뜩이나 힘든데 남 의식하느라 울음까지 참으며 살면 자신이 너무 불쌍하지 않을까.

    우울증에 시달렸던 고흐와 뭉크는 힘들었던 상황에 솔직했다. 그랬기에 그들의 그림이 오늘날 척박한 삶을 사는 우리에게 위로가 되는 것이다.

    '살아내는 것이 아니라, 그냥 살아가는 것이다!'

    "가끔 혼자 있으면 눈물이 나"라는 말을 들었을 때 그 아픔의 일부가 내 가슴에 콕 박힌 적이 있다. 덩달아 나도 치유되는 경험이었다. 메마른 감정은 아픔을 느끼고 싶지 않아 선택해온 삶의 결과이다. 하지만 아플 때 울 수 있는 사람에게서만 느껴지는 온기가 있다. 울음을 오래 참으면 그것을 해결하느라 상대방을 보듬을 힘이 없어진다. 울고 따지고 가끔 소리를 지르는 건 마음속 응어리를 풀어내고 슬픔을 다른 방식으로 해결하고 있다는 증거다.

길거리를 다니다 보면 쨍그랑 소리가 날 것처럼 활기가 폭발하는 아줌마들을 만난다. 그녀들의 목소리를 듣다 보면 세상 무서울 것 없는 저력 있는 말을 건네는 것만 같아 기분이 좋아진다.

"다 나와! 내가 다 해치운다!"

나에겐 공주병이
필요하다

내가 뭘 그렇게 잘못 살았다고…

지원 씨는 웬만한 일에는 얼굴을 붉히지 않는다. 이웃이나 가족과 갈등을 겪는 상황이 싫어 조심하며 살아서 그런지 싸우는 일도 거의 없다. 그런데 요즘 괴로운 일이 생겼다. 불쑥 화가 나고, 마트에 가서는 먹고 싶은 것을 고르는 게 아니라 그저 습관적으로 물건을 바구니에 담는다. 밤잠이 부족한 것도 아닌데 낮에 꾸벅꾸벅 졸다가 가족들이 귀가하는 소리에 놀라 깰 때도 종종 있다. 사람들과의 관계도 예전같지 않다. 집순이 대접하는 것 같아 아이들도 남편도 마음에 안 든다. 누가 한마디만 해도 기분이 나쁘고 서럽다. 그동안 잘못 살았나 싶어 자신이 한심하고 싶다. 이제 쉰 조금 넘었을 뿐인데 사는 재미도 없고 앞으로의 일도 막막하다.

식욕이 떨어지면 식탁부터 달라진다. 탄수화물 일색이거나, 냉동실에 고기만 가득 넣어놓는가 하면, 밥하는 일이 줄어들면서 패스트푸드 포장지가 쓰레기통에 쌓여간다. 싱크대에 빈 그릇이 수북이 쌓여도 무감각해진다. 다른 가족들 입에서 "요즘 집이 왜 이래?"라는 말이 저절로 나온다. 이래선 안 된다는 걸 알지만 몸이 따라주지 않는다. '그동안 살림하느라 고생했으니 이제 쉴 때도 되었지 뭐'라며 스스로를 위로하지만 궁색한 변명 같아 머쓱해진다. 우울증까지는 아니어도 전조증상들이다. 누가 만나자고 해도 "나는 집이 편해요. 나가기도 귀찮고, 집이 지저분하지만 괜찮다면 오세요"라고 말을 흐린다. 휴대폰도 진동 모드로 해놓거나, 전화가 와도 안 받는 횟수가 증가하고 이웃 마실도 뜸해진다.

요즘 아줌마들은 집순이가 별로 없다. 엄청 돌아다닌다. 나라를 구하러 다니는 것도 아니면서 집을 안 지킨다. 그런데 지원 씨처럼 이유 없이 집순이가 되어간다는 것은 마음속의 뭔가가 소진되었을 가능성이 크다.

물론 행복한 집순이들도 많다. 혼자 음악을 듣고, 차를 마시고, 음식을 만들어 먹고, 영화를 다운받아 보고 책도 보며 행복해한다면 문제가 되지 않는다. 하지만 축 늘어져 계속 잠만 자거나 잔뜩 잠긴 목소리로 전화를 받는 자신을 발견한다면 한 번쯤 자신의 현재를 돌아봐야 한다. 이럴 때 느끼는 당혹감은 자신뿐만 아니라 가족들도 함께 느끼게 된다.

무기력이 단순히 중년이 되어서 나타나는 증상이거나 호르몬의 작용 때문에 생기는 현상이라면 약을 먹어서라도 해결하면 되지만, 그렇게 간단한 일이 아니다. 처음엔 무기력만 느끼다가 세상을 다 산 것처럼 절망에 빠지기도 하고 화를 불쑥 내는 등 예전에 없던 감정 기복이 나타나기도 한다.

이것은 그동안 돌보지 않은 감정이 취약해졌음을 말해준다. 별일 아니겠지 하고 방치하면 우울증으로 발전할 가능성이 있다. 입은 바짝바짝 마르고, 입맛이 없어 굶다가 폭식을 한다. 화를 참지 못하고 소리를 지르다가도 침울해지고, 흥분되는 일도 재미도 없는 세상이 싫어진다.

'내가 뭘 그리 잘못 살았다고?'

곰곰이 생각해보지만 딱히 대답이 떠오르지도 않는다. 잘못 산 게 아니기 때문이다.

약간의 공주병이 나를 살린다

의학 기술이 좋아져서 120세, 150세까지 살 수 있을 것이라고 말하지만, 대략 평균 수명을 100세로 본다면 우리는 절반쯤 살았다. 이쯤되면 그동안 자신이 잘살아왔는지를 생각하게 되고, 지금보다 잘살고 싶은 욕구가 무의식적으로 올라오기 때문에 대부분의 중년들은 혼란을 겪는다. 사람마다 혼란을 느끼는 정도와 표현이 다를 뿐이다.

그동안 충분히 잘살아왔음을 당신 스스로 잘 알고 있다. 그래서 앞으로 남은 시간을 소중하게 쓰고 싶은 욕심에서 마음에 소용돌이도 생기는 것이다. 무작정 앞만 보고 열심히만 살아온 사람, 가족이 전부인 사람들의 소용돌이는 그 폭이 클 수밖에 없다.

100m 달리기의 목표 지점이 100세인 줄 알고 마구 달려왔는데 그게 아니라는 사실을 어렴풋이 알았다면 지금부터 조정해나가면 된다. 중간쯤 와보니 멀리만 보이던 지점이 가까이에 와 있다면 목표를 재설정하면 된다.

그동안 앞만 보고 애쓰며 사느라 미처 보호받지 못한 자신의 영혼을 기다려주어야 한다. 마음이 지쳐 있고 열심히 살았지만 알아주지 않아 서운하고, 무언가 이뤄놓은 것도 없이 나이만 드는 것 같은 기분만큼은 외면하지 말고 알아주자. 영혼이 회복되기까지의 기다림은 생각하기에 따라 영화 〈화양연화(花樣年華)〉에서 말하는 '때'가 될 수도 있고, 저주받는 중년이 될 수도 있다. 다 끝난 것이 아니라 지금부터다. 바쁘게 사느라 내 마음이 안녕한지 아닌지 물어보지 않은 자신을 책망하자. 그 점은 자신에게 미안해해야 한다.

잠이 오면 자고, 먹고 싶을 땐 먹어도 된다. 이러면 안 돼, 저러면 안 돼 하며 자신을 옭아매면 악순환이 되는 것이다. 우리는 감기에 걸리면 밥을 많이 먹고 운동도 하면서 빨리 나으려고 하지만, 먹는 것을 줄이고 쉬어야 감기가 빨리 떨어진다. 그것을 몰라서 반대로 하는 것이다. 조급해서 자신을 다그치는 것이다. 이제는 스스로에게 관대해지자.

"미인은 잠꾸러기야."

"헝클어진 머리카락도 괜찮아."

심하면 문제겠지만, 약간의 공주병이 나를 살린다.

허송세월은
없다

나에게 남은 건 뭘까

　정하 씨는 서른 살이 되면서 가족의 뒷바라지를 시작했는데 어느 새 세월이 훌쩍 지나 사십 대 중반이 되었다. 빚더미에 있던 부모를 대신해 악착같이 돈을 벌었다. 열심히 살다 보니 교외에 작은 아파트도 하나 마련했다. 남들처럼 결혼했으면 지금쯤 아이를 하나둘 낳고 살았으려나. 그렇다고 부모의 빚을 갚느라 결혼을 포기한 것에 대한 후회는 없다. 오히려 책임을 다하며 열심히 살아온 자신이 자랑스럽다.

　그런데 요즘엔 가끔 '나에게 남은 건 뭘까'라는 생각이 든다. 허송세월을 산 것 같기도 해서 우울하다. 늘 걱정과 긴장을 끼고 살아서 그런지 악몽도 자주 꾼다. 자기 몸보다 큰 차를 몰다가 브레이크가 발에 닿지 않아 버거워하거나, 차를 주차하고도 어디에 했는지 몰라 헤매는 꿈을 자주 꾼다.

'삼십 대 이후로 나라는 존재가 있었나? 나를 잃어버리면서까지 무엇을 위해 살았을까?'

사오십 대엔 누구나 한 번쯤 지난날을 더듬으며 회한을 느낀다. 이런 의문이 드는 것은 사는 것이 힘든 이유도 있지만, 지금의 상황과 맞설 준비가 되었다는 뜻이기도 하다.

남들이 "왜 그렇게 살아?"라고 하거든 "내 나름의 사정이 있었고, 내겐 최선의 선택이었어"라고 자신을 두둔하자. 하지만 악몽을 자주 꾸거나 우울한 기분이 든다면 '나 좀 살려달라'는 메시지로 받아들여야 한다.

'내 인생은 뭐야?' 하는 넋두리 말고 정하 씨처럼 심각한 질문을 스스로에게 해볼 필요가 있다. 그래서 아침부터 밤늦게까지 일만 하면서 외면했던 자신과 만나야 한다. 작은 실수도 못 견디며 각박하게 굴던 자신을 용납해야 한다.

멈추는 것만으로도 충전이 된다

<u>프로스트</u>(Robert Frost)의 시 〈사과를 딴 후〉를 정하 씨에게 읽게 했다. 시를 읽던 정하 씨는 그동안 지쳤던 마음을 쏟아놓으며 눈물을 흘렸다.

수십만 개나 되는 사과를 만지고,
손으로 쓰다듬고, 똑 떼어내어, 떨어뜨리지 않으려 했다.
왜냐하면 땅에 떨어진 것은,
모두 멍이 들거나 그루터기에 찔리지 않았다 해도
쓸모없는 것으로
사과주용 더미로 보내버리기 때문이다.

그동안 "여기서 포기하면 끝장이야"라고 스스로 되뇌이면서 마치 자신이 모두를 책임지지 않으면 안 될 것처럼 구원자를 자처했는가? 그렇게 살아왔다면 이제 다 놓아주고 자신에게로 돌아오기로 마음먹어도 된다. 마치 사과를 만지고 쓰다듬듯 "지금 이대로면 어때" 하고 자신을 다독이자. 가족을 돌보았고 힘든 역경을 이겨냈으니 허송세월이 아니다. 남들의 눈에 힘들어 보여도 그 과정에서 기쁨도 있었을 테니 충분하다.

다만 꿈에서조차 브레이크를 밟을 수 없는 상황이라면 '잠시 멈추어야 한다'. 멈추는 것만으로도 충전이 된다. 그동안 에너지를 너무 빨리 다 써버려 구멍이 났다면 메워야 한다. 열심히 산 것만큼이나 쉼이 필요하다. 침대에서 뒹굴거리며 낮잠도 늘어지게 자보자.

필자도 몇 년 전, 늘 일에 매여 있던 나 자신을 놓아주려 미얀마에 갔다. 만달레이의 우베인다리 아래에서 일몰을 찍으려는 순간 휴대폰 배터리가 나가버렸다. 중요한 시점에 충전을 하느라 결국 일몰을 못 찍고 마는 아쉬운 일이 있었다. 인생도 충전이 필요하다고 절실히 느낀 날이었다.

자신을 만나는 충전의 시간은 꼭 필요하다. 일주일의 스케줄이 꽉 차 있다면 하루나 이틀이라도 빼서 자신을 만나자. 10년, 20년 동안 일을 했다면 한두 달이라도 쉬어보자. 쉬지 못했던 날들을 보상할 만큼의 시간이 필요하다. 기도나 명상도 좋고, 산책도 좋다. 혼자 음악을 틀어놓고 몸을 흔들어도 좋다. 몇 년 몇 개월이 아닌, 하루를 쪼갠 1시간이면 된다.

무리해서 달리다 보면 마음속에 끝없는 갈증이 쌓인다. 쉬지 않고 일하고 몸을 쓴 만큼 돈이 들어간다. 하마터면 열정만으로 삶을 낭비했을 당신, 이제 쉬어가자. 결국 살아온 삶의 '나'만 남는다.

내가 살아온 삶 인정하고 받아들이기

지금까지 살아온 삶은 최선을 다한 삶이었으며, 다시 바꿀 수
없는 소중한 경험이다. 후회하고 자책하기보다는 '주문 걸기'
기법을 사용해보자.

방법은 '살아온 삶'을 이야기한 뒤에 '주문'을 붙여주면 된다.
혼자 해도 좋고, 친구나 가족과 서로 해주어도 된다.

주문 걸기 기법

~~~~ 그래서, 뭐 어때!

~~~~ 괜찮아.

나다운 나 찾기

'나'를 알기 위해 겉으로 드러난 모습만이 아닌 숨겨진 모습을 찾아야 한다. 나 역시 밝은 면은 어두운 면을 동반하며, 장점 역시 단점과 동전의 양면처럼 붙어다닌다. 남이 볼 때 밝기만 한 나도 어두운 면이 있고, 단점으로 보이던 것이 장점일 수도 있다. 나에 대해 구체적으로 써보자.

나의 밝은 면 / 나의 어두운 면

_____

_____

_____

나의 장점 / 나의 단점

_____

_____

_____

감정치유를
돕는 명언

당신이 가장 두려워하는 것을 찾아라. 진정한 성장은 그 순간부터
시작된다. _카를 융

명언 그대로 필사하기

나의 말로 바꿔쓰기

행동 변화 시도하기

'내 안에 있는 다양한 나', 상처나고 슬픈 마음, 결핍감을 나열한 다음,
그 옆에 '괜찮다!'라고 쓴다. '다독임' 노트를 매일 써보자.

_____

_____

_____

_____

_____

_____

_____

_____

_____

_____

"

당신은 지금도 앞으로도
안녕할 자격이 충분하다

"

2장

나이 들어감을 인정하기

내 몸의 나쁜 습관과 이별하고 싶다, 뱃살과 함께

상담자 민영 씨, 어떻게 지냈나요?

민영 씨 그럭저럭 지내긴 했는데, 몸이 좀 아팠어요.

상담자 어디가 아팠나요?

민영 씨 무릎관절이 아파 절뚝거리고 다녔어요. 한 이틀 운동했나? 선생님과 약속 지키려고 했는데, 저도 속상해요. 다리근육 좀 키운다고 스쿼트를 무리해서 했나 봐요.

상담자 무리해서 운동한 이유가 있어요?

민영 씨 갑자기 6~7kg가 쪘어요. 야식을 먹는 습관 때문인지, 먹는 양은 비슷한데 폐경이 빨리 오면서 갑자기 체중이 늘었어요.

상담자 폐경기 이후에 대사량이 떨어져서 살이 찌기도 해요. 야식을 안 하면 좋을 텐데….

민영 씨   밤늦게까지 안 자는데, 슬슬 배고파지면 김치찌개에 라면까지 잔뜩 먹어야 잠이 와요.

상담자   거의 폭식이네요. 개선하기 위해 일찍 잔다거나 양을 줄이는 등 시도해본 것이 있나요?

민영 씨   그러면 먹을 게 생각나서 새벽에 꼭 깨요. 살찌고 나서 포기했다고 해야 할까, 더 먹는 것 같아요. 밥 먹고도 입이 심심하고 허전해서 초콜릿이 꼭 있어야 해요. 브라우니같이 단 것이 당겨서 늘 사다놔요. 그렇지 않으면 불안해요.

상담자   폭식이나 단것을 먹으며 마음을 위로하려는 것처럼 보이는데, 그것은 일시적인 방법일 뿐이에요.

민영 씨   맞아요. 마음이 허전할 때 더 그래요. 뭔가 신경 쓸 일이 있을 때도 먹는 것으로 해결하는 것 같아요. 다이어트를 한다고 굶다가 한꺼번에 먹다가를 반복하고 있어요.

상담자   마음의 빈자리를 음식으로 채우고 있었군요. 지금 나이에 맞는 셋포인트(set point)를 정하는 게 좋겠어요.

민영 씨   셋포인트가 뭔가요?

상담자   안정적인 체중을 말해요. 결혼 전후, 최근 5~10년 사이의 체중은 어땠는지 생각해보세요. 셋포인트를 정하고 위아래로 2~3kg 왔다 갔다 하는 것을 인정해주는 거예요. 그래야 불안이 줄어요. 그 지점을 넘어가면 좀 신경을 쓰고요.

민영 씨 처녀 때는 50kg이었어요. 말랐었죠. 결혼 후 체중이 늘어 60kg을 유지했는데, 지금은 66~67kg이에요. 우선 60kg을 셋포인트로 잡으면 될 것 같아요.

상담자 다이어트한다고 어디 가서 식단을 짜오고 그러는데, 그건 별 효과가 없어요. 감정이 요동치면 무너지게 되어 있거든요.

민영 씨 매번 그랬어요. 봄이 되면 원피스 입어야겠다는 생각에 다이어트를 시도하고, 새롭게 직장 알아볼 때는 면접일까지 살을 빼야겠어서 며칠 굶고, 이런 식이었죠. 그런데 잠깐 되는 듯 하다가 원래대로 돌아갔어요.

상담자 무리한 계획을 세우는 것은 더 안 좋아요. 어떤 때 식욕이 급상승하는지(행동), 그때 어떤 생각('나는 못났어')과 감정(우울감)이 드는지와 같은 인지행동적 접근이 도움이 돼요.

민영 씨 해보고 싶어요. 체계적으로 해본 적이 없거든요. 만날 '해봐야지' 마음만 먹어요.

상담자 《내 몸이 변하는 49일 식사일기》 같은 책도 활용해 보세요. 한두 달이라도 나의 식사 패턴이나 감정 상태를 점검하는 게 필요해요.

민영 씨 네, 한번 해볼게요.

상담자 매일 기록하면 좋지만, 우선 일주일에 세 번만이라도 하세요. 잘했을 때 자신에게 쿠키 하나, 초콜릿 한 개 같은 보상을 주세요. 못 지켰다고 책망하거나 발버둥을 칠수록 식욕은 기승을 부리니까요.

민영 씨 자괴감에 빠져서 나를 미워했던 것 같아요. 가족들이 '다이어트한다며 그렇게 먹느냐'고 빈정댈 땐 정말 죽고 싶더라고요.

상담자 자책하기 전에 식욕 뒤에 감춰진 자기 마음을 들여다보세요.

민영 씨 네, 자책이 저를 더 힘들게 하는 것 같아요. 그런데 선생님, 나잇살은 어떻게 해요?

상담자 나잇살이 신경 쓰이겠지만, 두려워하지 마세요. 무리하지 말라고 주는 자연의 섭리인걸요. 그래도 어느 정도 관리가 필요하다면, 40대 이전과 이후의 방법이 달라져야 해요.

민영 씨	어떻게요?
상담자	40대 이후에는 먹는 양을 1/3 줄이고, 운동은 1/3 늘리는 게 좋아요.
민영 씨	저는 더 먹고 운동은 더 안 하고 있어요. 반대로 하고 있었네요.
상담자	마인드풀 이팅(mindful eating)이라는 말 들어보셨을 거예요. 감정식사(Eat. Q)라고도 해요. 음식을 먹더라도 감정까지 돌보라는 얘기죠.
민영 씨	식욕을 조절해야 하는 것은 이해가 가요. 그런데 운동을 늘리면 무리가 되는 거 아닌가요? 저도 이번에 운동을 무리하게 해서 무릎인대가 나가버렸거든요.
상담자	무리하라는 게 아니라, 가벼운 운동을 좀 더 길게 하라는 거죠.
민영 씨	성에 안 찰 것 같아요. 빡세게 해야 운동이 되는 것 같거든요.
상담자	그래서 부상을 입고 운동을 더 멀리하게 되는 경우가 많아요. 가벼운 산책으로 유산소운동을 해주고요. 나이 먹으면 수영 같은 운동이 좋다 말하지만, 수영도 무리하게 팔을 돌리면 어깨회전막이 파열

될 수 있어요.

민영 씨   아, 그 말씀이구나. 저도 무릎이 나갈 정도로 스쿼트를 거의 200번 연속으로 했나 봐요.

상담자   아휴, 그러셨군요. 한 번에 많이 할 게 아니라 몇 세트로 나눠서 해야 돼요. 예를 들어 10번씩 3세트 하면 30번이잖아요. 그걸 하루에 세 번 나눠서 하면 90번이 되는 거죠.

민영 씨   그 정도만 해도 굉장하네요.

상담자   꾸준히 조금씩 늘리는 게 좋아요. 그리고 자신의 몸 설명서를 만드세요. 자신의 '신체 이미지'를 그린 후 각 신체부위의 상태를 다리 부종, 뱃살, 팔 근육 소실, 어깨근육 뭉침, 이렇게 세부적으로 기록을 해요. 그리고 자기 몸 상태를 보면서 스스로에게 말로 표현해주세요.

민영 씨   '다리가 부었다', '뱃살이 늘었다' 이런 식으로요?

상담자   네. 사람은 인식을 하면 행동하게 되어 있거든요.

민영 씨   요즘 마사지도 받고, 가끔 도수치료도 다녀요. 돈이 아까워 못 했는데 몸을 보수하며 살아야겠다는 생각이 들고, 내 몸 아프면 나만 서럽지 그런 생각이 들어서요. 여행도 다니고 하고 싶은 일도 오랫동안 하며 살고 싶어서 그렇게 하고 있어요.

상담자 잘하고 계시네요. 몸도 리모델링이 필요해요. 자존감이 높은 사람은 자기 몸을 소중히 여겨요. 반대로 자기 몸을 소중히 여기다 보면 자존감도 높아지죠. 몸에 좋은 음식을 골라 먹는 것도 쉬운 일 같지만 의외로 실천을 못 하는 경우가 많아요.

민영 씨 저는 몸에 좋은 것보다 먹고 싶은 것을 먹었던 것 같아요. 자존감이 낮은가 봐요. 저는 떡볶이 킬러예요. 식구들도 다 좋아해서 완전 맵고 달게 만들어 반조리해서 냉동실에 꽉꽉 채워놔요. 그러면 안 먹어도 배불러요. 새벽에도 떡볶이 생각이 나서 깨는 것 같아요. (입맛을 다신다.)

상담자 다시 식욕 얘기기 나오는군요. 먹는 것, 운동, 잠, 이 세 박자가 잘 맞아야 몸이 건강해요. 하나가 무너지면 다른 부분도 망가지기 쉽죠.

민영 씨 저는 항상 먹는 것에서 무너져요.

상담자 나이 먹으면서 변하는 내 몸을 인정해야 해요. 먹는 것 자체보다도 아름다운 것과 추한 것의 경계를 스스로 무너뜨려보세요. 몸에 대한 불만은 알고 보면 기준이 높기 때문에 생겨요.

민영 씨   뱃살만 봐도 스트레스를 받고 추하다고 생각했던 것 같아요. 나이 먹음을 인정해야 한다는 걸 알면서도 인정 안 했어요.

상담자   아까 말한 '내 몸 설명서'를 만들어보세요. 나쁜 습관과 이별하겠다는 결심도 하고요.

민영 씨   네, 다시 한 번 해봐야겠어요.

내 몸은
나의 절친이다

내 몸, 내가 인정해주자

　선미 씨는 몸이 아프면 기분까지 나빠져서 주변 사람들에게 자신도 모르게 짜증을 내기 일쑤다. 그러다가 몸이 조금만 좋아지면 금세 기분까지 좋아진다. 몸이 여기저기 아프면 날씨 탓을 했다가 나이 탓도 했다가 갈피를 잡지 못한다. 그런 일이 반복되다 보니 성격까지 나빠지는 것 같다.

　몸 상태가 좋으면 기분까지 좋아지고, 몸이 안 좋으면 기분까지 나빠지는 건 비단 선미 씨만의 일이 아닌 것 같다. 나이가 마흔을 넘으면서 하루하루 몸이 약해지는 것을 느끼고, 그럴 때마다 나이들고 늙어간다는 생각 때문에 마음이 편치 않다는 중년들이 많은 걸 보니 말이다. 어느 중년은 이렇게 하소연을 했다.

"처음엔 오른무릎에 통증이 왔어요. 무리해서 그렇겠지 하고 대수롭지 않게 여겼는데, 왼무릎도 아파오더라구요. '뭐 이런 것쯤이야' 하고 넘겼는데, 다리까지 퉁퉁 부으니 병원에 안 갈 수가 없었어요. 그 날 이후로 물리치료실을 집 드나들 듯 다녀요."

선미 씨도 위의 중년도 '나이 먹어서 그래요'라는 말처럼 듣기 싫은 말이 없는데, 요즘엔 스스럼없이 그 말을 하고 다닌다며 자책을 했다.

몸은 나빠지기 시작하면 오른쪽에서 왼쪽으로, 상체에서 하체로 혹은 그 반대로 아픈 범위가 넓어진다. 건강나이를 여든으로 잡아도 마흔부터는 몸의 기능이 약해지는데, 살기에 바빠 내 몸이 나빠져도 모르고 지나치게 된다.

몸의 시계를 이십 대나 삼십 대에 맞춰두고 그쯤에서 노화가 멈추기를 바라는 사람도 있다. 하지만 중년은 청년도 아니고 노년도 아니다. 근육을 키우고 열심히 운동을 한다고 해서 이십 대로 돌아갈 수도 없다. 그러니 몸도 나이들어간다는 것을 인정하고 사오십 대의 몸과 친구가 되어야 한다.

쉬지 않고 달려왔다면 잠시 멈추고 내 몸이 안녕한지 살필 때가 되었다. '조금만 더' 하면서 참 오랫동안 부려먹었다고 인정해야 한다.

몸이 여기저기 아프다는 건 더 이상 방치하지 말라는 신호다. TV를 보면서 허리 한번 쭉 펴고 스트레칭 해주는 법 없이 살아왔다면, 그러면서도 아프다고 되레 몸에게 짜증을 냈다면 당신은 양심불량이다. 내 몸이라고 함부로 해선 안 된다.

지금의 몸 상태를 인정하면 더는 나빠지지 않는다. 그동안 '쓰기만 해서 미안하다'고 다독여줘야 몸도 살아난다. 신경인지 심리학에서는 몸의 현재 상태를 있는 그대로 인정하면 뇌세포에 영향을 주어 마음도 안정된다고 말한다. 실제로 마음이 안정되어야 운동이든 뭐든 할 수 있다.

스스로 내 몸을 아낀다

건강이 나빠지면 가족이나 남들에게 숨기는 사람들이 많다. 가족에게 걱정을 끼치고 싶지 않아서, 직장에서 밀려나지 않으려고 아파도 내색하지 않고 씩씩한 모습만 보인다. 아픈 것이 죄도 아닌데 숨기기까지 하니 몸은 이중으로 고통스럽다.

건강 상태를 숨기기보다는 다른 사람들은 어떻게 하고 있는

지를 살피면서 서로 도움을 주고받는 것이 여러 모로 좋다. 중년은 초기와 후기로 나눌 수 있는데, 사십 대인 중년 초기(early middle aged)는 성취에 몰입하는 시기이고, 오십대인 중년 후기(late middle aged)는 다음 세대를 위해 무엇을 할 것인지에 관심을 갖는 시기이다.

사십 대에는 몸의 신호를 무시하고 앞만 보고 달려가다가 과로로 쓰러지거나 대상포진, 갑상선 질환에 노출되기도 한다. 밤을 새도 끄떡없다고 말하기엔 이젠 나이를 먹었다. 감정적으로는 사십 대인 자신을 중년이라고 느끼는 일이 드물지만, 지금의 몸 상태로 어디까지 버틸 수 있을지 고민해봐야 한다.

생활나이와 신체나이는 사람에 따라 많게는 다섯 살부터 열 살까지도 차이가 난다. 나이에 비해 건강하고 젊은 사람을 보면 부러운 마음이 생기겠지만, 아무리 급해도 먼저 해야 할 일이 있다. 바로 내 몸과 화해하는 것이다!

자기 몸이 마음에 안 든다고 심하게 다이어트를 하다가 폭식하기를 반복하고 있다면 마음을 먼저 들여다보아야 한다. 평소에 몸관리를 잘하는 사람은 마음과 감정도 잘 조절하는 경우가 대부분이다. 그러니 보듬어주지 않은 내 감정을 먼저 봐주어야 한다. 마음에 들지 않던 내 몸도 예뻐하면 신기하게 제자리를 찾아간다. 몸도 알아줘야 친구가 된다. 내 나이만큼 함께해온 내 몸이지만, 그런 내 몸에 대해 아는 것도 해준 것도 별로 없는 것이 현실이다. 제대로 쉬어주지도 못했고, 운동 한번 제대로 해주지 못했다면 미안해해야 한다.

사오십 대에는 과격한 운동보다는 걷기와 같은 대근육 운동이나 스트레칭, 잔 근육을 키워주는 운동을 하는 것이 핵심이다. 그래야 부상을 막고, 틀어지는 몸을 잡아주고, 폐활량을 좋게 해 장수할 수 있는 기본기를 다질 수 있다.

문제는 '운동을 해야 한다'는 마음만 있을 뿐 몸이 잘 따라주지 않는 경우이다. 몇 시간이 흐른지도 모른 채 TV 채널을 돌리고 있거나 인터넷 서핑을 하고 있다면 무기력에 빠진 것이다. 이럴 때는 리모컨을 내려놓고 컴퓨터를 끄고 무조건 밖으로 나가야 한다.

하루에 30분이라도 산책을 하자. 자연 풍경을 보며 걸을 수 있는 환경이면 더욱 좋다. 낮에 산책을 하면 비타민D를 충전할 수 있는 것은 물론 행복호르몬 세로토닌과 도파민의 분비가 증가해 기력이 회복된다.

신경 쓰기 시작했다는 건 삶의 방향을 바꿀 마음이 생겼다는 의미다. 한 번에 안 된다고 자신을 탓하지만 않으면 된다. '내 몸은 내가 아낀다'는 구호를 마음속으로 외치며 하나씩 행동으로 옮겨보자.

하프타임에서
새롭게 출발한다

쿨하게 쉬어 가자

한 무리의 아주머니들이 엉거주춤한 자세로 요가 동작을 따라하고 있다.

"어깨너비예요. 더 벌리면 무릎 다치니 조심하세요. 허리 펴고요. 엉덩이는 뒤로 빼세요."

스쿼트 자세를 가르치는 요가 강사의 목소리는 커져만 가고 여기저기에서 "헉, 아이쿠" 비명소리가 터져 나온다.

주민센터에서 요가 수업이 있던 첫날 아주머니들은 일제히 강사에게 "몸이 뻣뻣해요. 예전엔 몸이 이러지 않았는데…", "뱃살도 늘고, 똑같이 먹는데 체중이 막 불어요"라고 저마다 하소연을 했다.

중년이 되면 여성들은 몸매가 흐트러지고 눈동자의 빛이 흐려진다. 여성들은 폐경기를 정점으로 변화를 체감해서인지 남성들보다 갱년기를 빨리 느낀다. 얼굴과 가슴이 화끈거리고 밥을 먹으면 땀이 줄줄 흐르니 당황한다. 머리숱과 새치의 수에 따라 으쓱해지거나 주눅이 들기도 한다. "부분가발이라도 하세요. 새치염색 언제 했어요?" 대화 내용이 주로 이렇다. 단발, 숏커트, 뽀글뽀글 파마… 중년이 되면 헤어스타일까지 비슷해진다. 미용실에 가서 "아나운서 머리해주세요" 하면 깔끔하고 단아하게 해달라는 의미다.

어릴 때 외국의 여성 뉴스앵커가 긴 머리를 늘어뜨리고 뉴스를 전하는 것을 보고 놀란 적이 있다. 우리나라에서는 있을 수 없는 일이었지만 그녀만의 취향이나 감성이 느껴져 좋았다. 당신도 그랬으면 좋겠다. 새치가 생겼다고, 머리숱이 줄어든다고 스트레스를 받거나 가리려고만 하지 말고, 독특하다는 소리를 들어도 되니 이제는 자신만의 취향이나 감성을 표현하며 살면 좋겠다.

몸의 변화가 꼭 나쁜 것이 아니다. 어찌보면 갱년기는 우리 인생의 하프타임을 알리는 몸의 신호다. 그러니 갱년기라는 낯선 존재를 친구로 받아들일 수 있으면 좋겠다. 그리고 쿨하게 쉬어 가자, 내 몸이 주는 메시지를 외면하지 말고.

처음 만나는 갱년기는 한없이 낯설다. 그래서 호기심의 대상이고 도전 상대다. 얼마만큼 쉬어야 몸이 회복되고, 마음과 영혼도 덩달아 쉼을 얻을지 상상해보자. 그동안 나와 함께 해준 몸을 쓰다듬고 만져주자.

인간관계도 친하다고 방치하면 멀어지듯 몸도 마찬가지이다. 호기심을 가지고 내 몸을 만나자. 툭 튀어나오는 손등의 핏줄, 눈가의 주름이 짙어지기 시작하면 그동안 애썼다고 쓰다듬고 소중한 나의 일부로 받아들이자. 눈가에 아이크림을 한 번 더 발라주고, 허리를 펴는 작은 수고를 하면 된다.

내 몸에 예의를 갖추자

몸은 '위험하다'는 신호가 오면 주변의 건강한 근육을 잡아당겨 수축이 일어나는 '도피반사'를 작동시킨다. 그래서 아직 그럴 나이가 안 되었는데도 등이 굽고 자세가 틀어지는 일이 생긴다. 이 정도 되면 나이가 오십이어도 몇 십 년은 더 늙어버린 것 같아 우울해진다. 그렇다고 실망할 일이 아니다. 조금만 예의를 갖춰도 몸은 살아나기 때문이다.

날마다 베란다 문을 무리하게 여닫는 것, 무거운 스테인리스 냄비를 번쩍 드는 것쯤이야 당연히 여기고 무심하게 지나쳐 왔을 것이다. 그러다 손목의 인대가 늘어나고 오십견이 와서야 '무리했구나' 생각이 든다. 몸에 이상이 생기는 건 몸이 자기를 알아달라는 신호다.

'더 이상 못 가겠어'라고 내 몸이 나에게 하는 소리를 들어주자. 그리고 이제부터는 몸을 살살 다루자. 무릎 한번 쓰다듬어 주지 않았을 당신이겠지만 이제는 달라질 거라고 몸에게 말해주자. 고혈압, 당뇨와 같은 만성질환이 오면 "집안 내력이니까"라고 핑계를 대는 일은 이제 그만하자. 시간이 날 때마다 스트레칭을 하고, 뻐근한 손을 주물러주는 작은 행동부터 시작하면 된다.

무릎이 아파서 침과 부황을 뜨러 간 아줌마가 있다. 침을 놓으려는 한의사에게 "선생님, 제 무릎이 많이 부었죠? 갱년기라 그런가봐요"라고 했더니 한의사가 "이건 부은 게 아니라 살입니다"라고 말했다는 일화가 있다. 이처럼 우리는 무릎이 조금만 아파도 나이 탓, 갱년기 탓을 한다.

아줌마의 표정을 읽은 한의사가 "지방도 적절히 있어야 해요. 그래야 여성호르몬이 생겨요. 나이 먹으면 살이 적당히 있어야 좋은 것이지요"라고 말하자 아줌마가 고개를 갸우뚱한다.

물론 '적당'이 가장 어렵다.

여성호르몬이 감소하면 복부의 내장지방은 쌓이고 허벅지의 피하지방은 줄어드는 것 정도는 알고 있을 것이다. 요즘 배가 자꾸 나온다고 고민을 하다가 "그 나이에 배 나오는 게 당연하지, 뭘 더 예뻐지시려고요?"라고 말하는 삼십 대들도 있지만 그녀들도 곧 오십 대가 되니 그 말에 발끈하지는 말자. 뱃살은 나이를 초월해서 껴안고 가야 할 실존이며, 갈수록 늘어난다는 것이 함정이다. 하지만 그것이 정말 싫다면 나에게 맞는 운동을 시작하면 된다.

나만 아픈 게
아니다

건강염려증 때문에 겉늙는다

의학저널 〈랜싯〉에 따르면 2030년의 남녀 기대수명이 한국
은 여자 91세, 남자 84세다. 100세 시대는 가까워오는데, 요즈
음 사소한 질병을 크게 인식해서 죽을병에 걸렸다고 생각하는
사람이 늘고 있다. 2021년 건강염려증으로 진단받은 사람은
총 3,864명이었으며, 코로나 이전인 2018년(2,776명)에 비해
39.19% 증가한 수치이다. 연령대에서는 사오십 대 연령층에서
가장 많았다(건강보험심사평가원).

입 안에 난 작은 뾰루지 하나, 위가 더부룩한 만성소화불량,
관절염까지 한꺼번에 내 몸을 괴롭히면 기분은 급격히 우울해
진다. "난 끄떡없어"라며 건강을 믿다가 병을 키우는 경우도 많

기에 건강에 대한 적당한 불안은 건강을 체크하고 관리하는 데 도움을 준다.

하지만 신체적 질병은 없는데 염려가 지나쳐서 먹지도 않는 건강식품을 사두거나, 일주일 중 며칠은 병원 가는 일로 스케줄을 잡아놨다면 괴로운 일이다. 의사로부터 병이 없다는 말을 듣고도 6개월 이상 여러 병원을 전전하고 있다면 건강염려증을 의심해봐야 한다.

밤새 소변보느라 잠을 못 자는 빈뇨도 알고 보면 민감해서 오는 경우가 많다. 병원에서 검사를 받아봐야 정확한 원인을 알겠지만, 건강하다는 진단이 나와도 믿지 못하고 '병에 걸렸다'는 생각에 집착하면 삶의 균형이 깨져버린다. 건강에 대한 집착은 실제 병에 걸린 것과 같은 통증이나 증상을 보이기도 하며, 우울과 불안으로 인해 불행감을 느낀다는 점에서 고통스럽기는 마찬가지이다.

체형이 이십 대가 아니듯 건강도 이십 대의 팔팔하던 때와는 다르다. 그러니 과거의 몸에 집착하기보다는 현재 변해가는 내 몸을 인정하고 어떻게 잘 지낼까를 고민해야 한다. 자기 몸과 사이가 좋은 사람일수록 건강하다.

살면서 암에 걸릴 수도 있고, 병든 가족의 고통이나 상실을 지켜보면서 건강염려증이 생길 수도 있는데, 그것도 일종의 건강 트라우마다. 그렇다고 불안한 채로 살 수는 없다. 긴 수명에 나만 질병이 피해서 가는 행운이 있는 것도 아니고, 노환으로 죽는다 해도 진단만 받지 않았지 암세포가 자라고 있었을 수 있다. 언젠가는 죽는다는 점에서 우리 모두 불치병을 앓고 있는 것이다.

어떤 질병이든 통증은 고통스러운 것이고, 누군가에게는 병의 완치보다 현재의 통증 완화가 기적이 될 수 있지만, 신체 통증을 다스리는 것만큼이나 마음의 통증을 제거해주는 노력도 절실하다.

건강염려증은 버려짐이나 배신감으로부터 자신을 보호하기 위한 무의식적 행동이다. 마음이 아픈 것을 인정하지 않으려 몸이 아픈 것이다. 감정적으로 억압하며 살아온 사람이 주로 몸이 아픈 것으로 푸는데, 건강염려증도 그중 하나이다.

이들은 약한 모습으로 가족이나 주변 사람들을 자기 곁에 붙들어두는 재주가 탁월하다. 아프지 않은데 꾀병을 부리는 것과는 다르다. 실제로 아픈 것인데 실제 증상보다 더 아프게 느끼고, 다른 사람보다 신체 변화나 증상에 민감하게 반응한다. 그로 인해 보통 사람보다 다섯 살, 심하면 열 살 많은 사람처럼 골골거린다. 몸을 덜 움직이고 우울도 겹치면 상황이 더 심각해져 작은 병을 큰 병으로 만드는 원인이 된다. 건강염려증만큼 자신을 겉늙게 만드는 것도 없다.

햇빛쐬기와 운동, 긍정적 사고가 답이다

누구나 약간의 건강염려증은 안고 산다. 그러나 그 수위는 스스로 조절해야 한다. 건강염려증이 지나치면 없던 병도 생겨난다. 그래서 때로는 내려놓는 것도 치유의 한 방법이 된다.

수민 씨는 가글을 할 때마다 입 속 점막이 심하게 따끔거리고 아팠다. 입 안을 들여다보니 점막 피부에 검붉은 반점이 보였다.

'피부염? 혹시 피부암은 아닐까?'

고민하다 대학병원에 갔다. 대기 환자는 잔뜩 밀려 있었고 오랜 시간을 기다려 5분 정도 의사와 면담을 했다. 의사는 입 안을 여기저기 살피더니 "심각한 문제는 아니네요"라고 말하고는 돌아가라고 했다.

집에 돌아온 수민 씨는 찜찜했다. 그리고 며칠 후 다른 병원을 찾았다. 명목상 스케일링이었지만 사실은 입 속 반점의 정체를 알고 싶었다. 이번 의사는 다르게 진단을 했다.

"한 곳이 아니라 세 군데네요. 바이러스 감염이에요. 특별히

치료는 필요 없고, 따끔거리는 것은 구강청결제로 가글만 하지 않으면 될 것 같습니다."

그 말을 들은 수민 씨는 "어머, 그래요? 제가 건강염려증인가 봐요"라며 웃으며 돌아왔다고 한다. 의사의 정확한 설명에 의문이 풀렸고, 하마터면 자신을 건강염려증 환자로 만들 뻔했다고 고백했다.

건강염려증에는 햇빛쐬기와 운동만큼 좋은 게 없다. 기분을 좋게 하는 세로토닌 수치가 높아지기 때문이다. 평소에 일광욕을 즐기고 스트레칭을 제대로 하고 집을 나서도 낙상하거나 발목이 삐는 것을 막을 수 있다. 많이 아프면 침도 맞고 물리치료도 받아야 한다. 도수치료라는 것도 있다. 하지만 그런 치료는 남이 해주는 것인 데다 효과가 일시적이다. 그럴 수밖에 없는 게 근육 뭉침은 매일 쌓이고 뼈도 매일 조금씩 뒤틀린다. 그때그때 어깨, 목, 팔, 다리의 뭉친 근육을 내 손끝으로 풀어주는 습관을 들이는 게 가장 좋다.

"나만 아픈 게 아니야."

"내 몸은 내가 지킨다."

이러한 긍정의 마음이 불안을 감소시키고 스스로 몸을 관리하게 만든다.

내 몸 설명서를
만들자

외로울 때 당기는 음식 리스트

지영 씨는 식탐이 많다. 음식을 먹다 보면 멈추지 못하고 계속 먹거나, 음식이 생각나 자다 깨는 날도 많다. 한숨이 푹푹 쉬어지거나 기분이 우울할 때 자신도 모르게 커다란 양푼에 열무김치와 고추장을 넣고 비벼서 다 먹고, 떡볶이 국물에 순대와 튀김을 푹 담가서 먹고 나야 기분이 풀린다. 그러나 포만감에 기분이 좋은 건 잠시, 숨쉬는 것조차 힘들면 후회가 된다. 남들이 뭐라고 할지 눈치도 보이고, "이렇게 계속 가면 비만에 관절도 안 좋아지고 생활습관병에 걸릴 수 있으니 식사 조절부터 하세요"라는 의사의 말이 떠오르면서 음식 하나 조절 못 하는 자신에 대해 자괴감이 든다.

아이스크림을 먹어도 달달한 초콜릿이나 망고를 토핑으로 얹어 먹고, 케밥에 토핑을 꽉 채우고 소스도 듬뿍 넣어 먹는 건 누구나 하는 사소한 습관들이다. 하지만 식탐이 어느 단계를 넘어버리면 심리적인 측면과 연결된다. 방금 밥을 먹었는데도 허전해서 계속 먹는 행위, 과일이나 커피를 후식 정도로 먹으면 모르지만 두 끼 세 끼 분량을 한 끼에 먹어치운다면 음식중독일 가능성이 있다. 알고 보면 음식으로 마음의 허전함을 채우고 있는 것이다.

음식중독에 걸리면 음식이 없으면 못 살 것 같은 의존성이 심해지고, 잠시 음식 섭취를 중단했을 때 금단증상이 나타나 정신은 멍해지고 음식만 떠올라 해야 할 일에 몰입하지 못한다. 심하면 공격적으로 행동하거나 자신도 모르게 불안이 몰려오기도 한다.

이런 일이 반복되는 이유는, 힘들 때 자신에게 위로를 주었던 음식의 보상효과를 뇌가 기억하고 그 음식들을 찾기 때문이다. 그런 자신에게 "참 못났다. 그것도 못 참고"라고 비난하고 자신을 몰아세우면 역효과가 난다. 그보다는 먼저 자신의 마음을 알아주는 행동을 해야 한다. 식당에서 기본 2인분을 시키고 허겁지겁 먹으면서 다른 사람의 눈치를 보거나, 음식 하나 조절 못 한다고 자신을 흉보는 일은 불필요한 행동이다. 차라리 애칭 이랍시고 "뚱"이라고 부르는 남편에게 "뭐라는 거야"라고 한방 날리고, "천천히 먹어. 누가 안 뺏어먹어"라고 농담하는 친구에게 "내가 알아서 먹어. 신경 쓰지 마"라고 한마디 해주자. 남에게는 너그러우면서 자신에게는 칭찬 한마디 안 하고 인색하게 굴었던 습관이 자신을 음식중독이라는 극단으로 몰고 갔는지도 모른다.

내 몸의 현재 모습은 자기 마음을 그대로 반영하고 있다. 그러니 '내 몸 설명서'를 만들어보자. 내 몸에 대해 알아가는 것이 음식에 의존하던 마음을 위로하고 내 몸을 전환시키는 계기가 될 수 있다.

'내 몸 설명서'를 기록하는 가장 쉬운 방법은 어떤 경우에 과식을 하는지, 주로 어느 시간대에 식욕을 참지 못하는지를 기록해두는 것이다. 속상하고 화날 때 매운 떡볶이가 당기는지, 슬프고 외로울 때 초콜릿 같은 단것을 먹어야 되는지, 심심할 때 과자나 빵을 자기도 모르게 계속 먹고 있는지 등 기분에 따라 더 먹는 음식을 알아보는 것이다.

마인드풀 이팅의 시작은 상한 감정의 위로

음식중독과 같은 잘못된 식습관은 상한 감정이나 기분이 바탕에 깔려 있다. 그러니 "그동안 많이 힘들었구나" 하며 그 마음을 알아주고, "다 포기하고 싶고 다 놓아버리고 싶던 순간에도 나름 버텼잖아"라고 스스로를 위로해주자.

결단력과 행동력은 위로가 선행되어야 한다. 위로받은 마음은 마구 먹고 함부로 몸을 대하던 습관을 변화시킨다. 아무 생각 없이 허겁지겁 먹는 것이 아니라 몸을 살피며 '마인드풀 이팅(mindful eating)'을 시작하게 된다. "샐러드 한 접시와 소박한 식사를 얼마 만에 해보는 거야"라며 노력하는 자신에게 감격해 눈물을 흘릴지도 모른다. 그렇게 하다 보면 자신을 위로하는 것이 꼭 음식일 필요는 없으며, 외로움을 채워주는 것은 누군가의 위로가 아니라 나 스스로의 위로임을 알게 될 것이다. 무의식은 스스로를 치유하는 능력이 있다. 채워지지 않은 욕망은 꿈에서라도 나타나 자신에게 알려준다. 그것만 무시하지 않으면 된다.

그래도 자신이 없다면 극단적인 스트레스 상황까지 자신을 데리고 가지 말고 그때그때 감정을 풀어주자. 외로울 때 누군가와 전화로 수다를 떨거나 도움을 청하는 것도 한 방법이다. 더 직접적으로는 샐러드 바, 뷔페 식당 등 식탐이 발동할 것 같은 곳을 멀리하면 된다.

누구나 자신에게 적당한 식사량과 좋은 음식이 있다. 타고난 대식가와 소식가가 있는 것처럼 말이다. 그것은 긴 세월 동안 몸이 적응해온 결과다. 그리고 체질 때문에 내게 맞지 않는 음식이 있을 수 있다. 그 사실을 무시하고 닥치는 대로 계속 먹으면 항상 소화불량 상태이거나 그 이상으로 건강을 해칠 수 있다.

체질이 찬 사람은 특히 여름이 힘들다. 찬 음식을 먹으면 탈이 나는 것을 알면서도 냉면, 메밀국수, 아이스 아메리카노, 아이스크림이 당기기 때문이다. 몸에 열이 많은 체질이라면 아무 생각 없이 소고기, 오리고기, 닭고기와 같이 열을 내주는 음식보다는 돼지고기처럼 몸을 차게 해주는 음식을 먹으면 좋다.

또한 누구에게나 해당되는 사항이 있다. 그것은 빵, 떡, 라면과 같은 반조리 음식에 대한 것인데, 이런 음식들은 에너지로 신속하게 전환되기 때문에 당장은 피로가 풀리지만 역효과가 있다. 즉각적으로 힘이 생기는 대신 바로 에너지가 소진되기 때문에 과식을 불러오고 혈당도 높인다.

내 몸을 아는 것, 소중히 다루는 것을 그동안 하지 못하며 살아왔다면 이제라도 신경 쓰면 된다. 마음을 위로했다면 그다음엔 무엇보다 자기 체질을 아는 것부터 시작하자. 자신에게 맞지 않는 음식을 절제할 수 있는 것은 마음의 힘이 좌우한다. 허전하다고 무조건 냉장고 문을 여닫지 않는 것, 매번은 아니라도 몸에 좋은 음식을 챙겨먹겠다는 다짐을 마음에 새기면 된다.

이제는
벗어도 된다

사우나 파티가 있던 날

  사우나에서 첫 여고 동창 모임이 있던 날, 동창들의 눈을 휘
둥그레하게 만든 건 은희였다. 샤워를 막 마치고 나온 은희는
수건으로 가슴을 가리고 있었는데, 그 사이로 삐져나온 통통하
고 하얀 젖가슴을 본 친구들이 일시에 탄성을 지른 것이다. "와
아, 대단하다 얘" 혹은 "부럽다. 난 쪼그라진 지 오래야." 대충 옷
으로 가려진 몸매를 짐작은 했다지만 여고 동창의 속살까지 볼
일은 없었던 것이다. 으쓱해진 은희는 벌떡 일어나 가슴을 쑥
내밀더니 "나 아직 괜찮지?"라며 잠시나마 나체 쇼를 했다.
  요즈음 젊은이들 사이에서 파자마 파티가 유행이라지만 오십 대의 아줌마들은 사우나 파티를 하며 한바탕 웃어댔다. 영화 〈써니〉(2011)의 왁자지껄한 장면도 떠오르고, 잠시 지난날 여고 시절로 돌아가는 추억에 잠기기도 했다. 여고생 때까지만 해도 가슴이 봉곳이 솟아오른 게 예뻤는데, 아이 하나둘 낳아 젖 먹이고 나니 늘어지기 시작해 이제는 아예 포기하고 브래지어로 볼륨을 대신하게 되었다며 한탄도 해본다.

요즘 브래지어에 대한 여성들의 불편함이 여기저기서 터져 나오고 있다. 의학적으로도, 와이어에 뽕까지 넣어 한껏 부풀려진 브래지어는 가슴을 조여 소화장애는 물론 혈액순환장애를 일으키는 등 문제가 많다. 그런데도 우리는 브래지어를 벗어던지지 못한다. 게다가 남자들은 노브라가 좋은 것은 다 알지만 내 딸, 내 아내, 내 애인만은 그러면 안 된다고 하니 참으로 아이러니하다. 그런 사람들은 브래지어를 하는 것이 예의라고 말한다. 스포츠 브라나 노와이어 브라가 대안이 되기도 하지만, 사실 그것조차 불편할 때가 있다. 민망할 정도만 아니면 될 텐데 참견하는 사람들이 많다.

브래지어를 입어 내가 당당해진다면 착용하면 된다. 더 섹시하게 보여 사랑을 얻는 데 필요하다면 해야겠지만, 있는 그대로 살면 안 되는 건가? 중년 여성들을 만나면 남편이 늘어진 가슴을 싫어한다며, 또는 애인에게 잘 보이고 싶다며 유방 성형을 하고 싶다는 말을 종종 듣는다. 물론 실행에 옮기는 여성들은 많지 않지만.

하지만 주체가 내가 아닌 타자가 된다는 것이 슬프다. 있는 그대로의 나를 사랑해주면 안 되나? 물론 스스로 콤플렉스가 심하다면 유방 성형이든 볼륨 브라든 할 수도 있다. 자신의 만족인데 누가 뭐라 하겠는가? 있는 그대로를 사랑해주는 남성을 사랑하면 되고, 타박하는 남편에게는 한소리 하면 된다.

요즘 트렌드를 보면, 마릴린 먼로 시대의 육감적인 트렌드는 한물갔다. 이건 어디까지나 나의 견해일 수 있지만, 유행은 돌고 도는 것이기도 하니까. 요즘 미니멀리즘의 추세는 의상, 뷰티, 화장, 속옷에도 영향을 미치는 게 사실이다. 자연미, 지적이고 단정한 미니멀리즘 브라와 노브라 문화에 대한 선호는 부풀리지 않은 여성의 몸 그대로가 가장 아름답다는 생각의 반증이 아닐까 한다.

당당한 여자의 몸에 꽃이 피어난다

당당함은 여자를 아름답게 한다. 어디에도 구속받지 않는 자유, 자신의 목소리를 내는 모습은 꽃처럼 아름답다. 그런 여자는 욕을 먹어도 주눅이 들지 않고, 누가 뭐래도 꿈쩍 않을 수 있는 뻔뻔함이 있다.

'벗는다'는 대상은 옷이 아니다. 부족해 보이는 모습까지, 자신의 욕망까지 숨기지 않는 게 진정으로 '벗는' 것이다. 자기 속에 햇살을 품은 여자의 몸에선 꽃이 피어난다.

주변의 눈치나 지적, 또는 몸매 때문에 브래지어를 벗는 것이 망설여진다면 집에서만큼은 편하게 벗어보자. 트렁크팬티 바람으로 집 안을 돌아다니지는 못해도, 브래지어를 벗는 것만으로도 내 몸에 큰 해방감을 안겨줄 수 있다. 이래서 안 되고, 저래서 안 되고… 남의 시선만 살피며 사는 일을 이제는 그만두자. 무엇을 입든 내가 편하고 자유로운 것을 선택하면 된다.

나이를 먹는 서글픔은 나잇살을 느낄 때 생긴다. 체중은 변함이 없는 것 같은데, 가슴살이 다 뱃살로 간 것 같고 가슴이 빈약해서 싫다면 가끔은 '뽕'이 잔뜩 들어간 와이어 브라를 하고 나가면 된다. 나의 젖가슴을 가장 예쁘게 보이는 속옷 브랜드를 찾아 브래지어를 두 개 정도 사서 가끔 기분전환하고 싶을 때 번갈아 하면 된다. "예쁘네요" 그 말에 "사실은 뽕이에요" 이 말만 안 하면 된다. 그 말을 하는 순간 아줌마 느낌이 팍팍 나니까.

내 몸 설명서 만들기

영원한 청춘은 없다. 다만 나이들어감을 인정하고 과거의
'나쁜 몸 습관'과 이별하면 '내 몸이 변할 기회'가 된다. 오히려
이십 대, 삼십 대 시절보다 더 건강한 자신을 만날 수 있다. 몸
은 마음과 연결되어 있다. 나쁜 감정이나 마음이 몸의 건강을
해치며, 마찬가지로 건강만 좋아져도 행복한 감정이 늘어난다.
그러니 나쁜 몸 습관을 버리겠다는 결심을 위한 '이별 선언서'
와 내가 원하는 '내 몸 설명서'를 구체적으로 만들어보자.

나쁜 몸 습관과의 이별 선언서

- 폭식, 야식, 초콜릿과 같은 단 음식, 고열량 간식을 먹는 습
  관과 이별하고 싶다(폭식).

- 잠잘 때 침대 옆에 휴대폰을 놓고 자는 습관과 이별하고 싶

다(수면 방해).

- 무기력하게 TV 리모컨을 손에서 놓지 못하는 습관과 이별
  하고 싶다(무기력).

새로운 내 몸 설명서

- 폭식이나 고열량 간식을 먹게 만드는 불안, 외로움, 스트레
  스 요인을 적는다(식욕 조절).
- '휴대폰은 내일 확인해도 된다'고 스스로에게 최면을 건다
  (숙면 유도).
- '지금 당장'을 외치고 TV를 끄고, 스트레칭을 한다. 혹은 밖
  으로 나가 산책을 한다(활동량 늘리기).

감정치유를
돕는 명언

주변 사람들이 당신이 젊어 보인다고 말하기 시작하면, 그들은
당신이 늙었다고 생각하는 것이다. _워싱턴 어빙

명언 그대로 필사하기

....

....

나의 말로 바꿔쓰기

....

....

행동 변화 시도하기

나의 운동의 연대기를 작성해보자. 그 운동을 계속하는 이유, 혹은
바꾼 이유를 써보자.

- 20대:

- 30대:

- 40대:

- 50대 이후:

"
당신은 지금도 앞으로도
안녕할 자격이 충분하다
"

3장
내 감정 알아차리기

여자로
사랑받고 싶어요

상담자   잘 지냈나요?

민영 씨   그동안 좀 우울했어요. 여자로서 매력이 없어지나 하는 두려움이 있었어요.

상담자   왜 갑자기 그런 생각이 들었어요?

민영 씨   갑자기는 아닌데, 감정도 무뎌지는 것 같고 거울 속에 비친 내 얼굴을 보면 깜짝 놀랄 때가 있어요.

상담자   어떤데요?

민영 씨   일그러진 표정이랄까, 심통이 난 것 같기도 하고, 뚱해 있는 것 같아요.

상담자   화가 나 있었던 건가요?

민영 씨   저는 남편이 무관심할 때 제일 화가 나요. 하루에도 몇 번씩 전화해서 "심심하지 않냐? 퇴근할 때 뭐 사 가지고 갈까?" 했거든요. 나한테 관심이 있었던 거잖아요.

상담자 지금은요?

민영 씨 결혼 10년차인데 갈수록 무덤덤해져요. 그게 싫어
요. 섹스도 대화도 시들시들, 마음에 안 들어요. "사
랑이나 하는 거야?" 한마디 던지면 "예뻐, 예뻐" 하
며 말 돌리고 볼에 성의 없이 뽀뽀를 해요. 날 귀찮
게 할 때는 싫다가도, 남편이 스킨십을 성의 없게
하면 여자로서 매력이 없어져서 그런가, 불안해요.

상담자 숨막힐 것 같고 강렬한 기분을 '열정'이라고 해요.
열정은 갈수록 점점 사그라지죠.

민영 씨 아는데도 남편의 시큰둥한 태도에 내 매력이 없어
졌나 하는 생각이 들면 속상해요.

상담자 여자로 사랑받고 싶은 마음 충분히 이해가 가요.

민영 씨 네. 문제는 제가 끊임없이 확인해야 직성이 풀린다
는 거예요. '예쁘다' 소리가 뜸해지거나 돌아누워
코 골고 자는 남편을 보면 그렇게 미울 수가 없어
요. 나는 성격도 목소리도 괄괄하니 남자가 되어가
는 것 같은데.

상담자 여자로 사랑받고 싶은 갈망은 중년 이후에 여성성
이 줄어드는 데서 오는 불안일 수 있어요. 하지만

매번 사랑을 확인을 해야만 하는 것은 자존감의 문제예요.

민영 씨 어떻게 하면 될까요? 선생님, 제가 생각해도 자존감이 낮아진 것 같아요. 하긴, 결혼해서 10년, 애까지 낳고 이미 늙어버렸으니 예쁘다고 남편이 거짓말을 해도 할 말이 없죠.

상담자 민영 씨에겐 남편의 말이 굉장히 중요한 것 같네요.

민영 씨 네, 남편의 말 한마디에 기분이 왔다갔다해요.

상담자 알면서도 감정 조절이 잘 안 되는군요.

민영 씨 밋밋해진 관계, 흥미도 젊음도 사라진 그게 싫은 거예요.

상담자 뜨겁지도 차갑지도 않은 애매한 게 싫은 거죠?

민영 씨 네, 사랑받으면 더 예뻐질 것 같아요. 그게 자꾸 신경이 쓰여요.

상담자 사랑을 받으면 예뻐지는 건 맞아요. 하지만 누구나 자신 안에 이미 매력이 있어요.

민영 씨 불안해요. 이렇게 가다가는 점점 남자가 될 것 같아요. 따분하고 무기력하게 지내다가, 울분을 못 참다가… 제가 봐도 한심해요.

상담자 여성성이 사라질까 봐 두려운 심리도 있을 수 있죠.

하지만 중년이 되면 호르몬의 변화와 노화로 인해 여성성이 줄어들고 남성성이 강화되고 감정의 변화도 오는 게 자연스러운 현상이에요.

민영 씨 그런가요? 제게 열정은 여자로서의 매력이고, 나이 먹을수록 점점 추해질까 두려워요. 남편의 말에 의존하지 않고 나만의 매력을 찾고 싶어요.

상담자 그렇다면 바라는 것과 행동 사이에 간극이 있나요?

민영 씨 생각해보니, 남편이 다가오면 아무것도 하기 싫은 것처럼 마지못해 대했던 것 같아요. 사랑받고 싶고 여자로 대접받고 싶다고 하면서도요.

상담자 그랬군요. 왜 그랬던 것 같아요?

민영 씨 나이 먹어가는 것도 인정하기 싫고, 변하는 내 모습이 싫으니까 남편 핑계를 댄 것 같기도 해요.

상담자 내 감정이 무뎌져서 강렬한 감정이 안 들고 시들해지는 것을 남편에게 투사해버린 거네요.

민영 씨 네, 저는 예쁘고 젊고 날씬해야만 사랑받는다고 생각했어요. 남자들이 그런 여자들 좋아하잖아요. 남편과 결혼해 살면서도 그게 늘 불안했던 것 같아요. 나 스스로가 맘에 안 들어 남편에게 푸념하고 원망했던 것 같아요. 사랑해주지 않는다고.

상담자 더 근원적으로 들어가면 어릴 때 부모로부터 조건부 사랑을 받았을 수 있죠. 그것이 남편에게로 옮겨간 거구요. 이제라도 '내 매력을 결정하는 것은 나 자신이다'라고 선언할 필요가 있어요.

민영 씨 나한테 매력이 남아 있을까요? 지금부터 찾으면 되는 걸까요?

상담자 매력은 예상 못 한 성향이 튀어나올 때 "아, 매력 있네"라고 느껴지는 거예요. '나이들어가면서' 나오는 울퉁불퉁한 것들이 매력으로 발전할 수 있는 좋은 재료예요. 그러니 '나이들어감을 인정하는 것', 거기서부터 출발해야죠. 자신에게 호기심을 갖고 무뎌진 감각을 살리는 것은 자기만의 분위기를 만들어나가는 기초이기도 해요.

민영 씨 저만의 분위기요? 잊은 지 오래된 것 같아요.

상담자 미인은 나이로 결정되는 게 아니에요. 분위기가 더 중요해요.

민영 씨 어떻게 만들어야 할까요? 거울을 보면서 새로운 시각으로 나를 만나볼까요?

상담자 그것도 좋죠. 종종 자기를 외면하고 거울을 아예 안 보는 분들이 있는데, 외모뿐만 아니라 거울 속에 비쳐진 나의 마음과 감정까지 들여다보면 좋겠죠.

민영 씨   나이가 원인이 아니라는 거죠? 푸념과 한숨이 겉늙게 만든 것 같기도 해요.

상담자   네, 호기심과 유연성을 갖고 대해보세요. 자기 자신이나 다른 사람도.

민영 씨   남편에게 먼저 해봐야겠어요.

상담자   어떻게 해보고 싶은가요?

민영 씨   "당신을 보면 숨이 막혀. 우리 밀월여행이라도 떠날까?" 이런 말 들어본 지가 너무 오래됐어요.

상담자   신혼여행 이후, 거의 없었던 것은 아닌가요?

민영 씨   어떻게 아셨어요? (웃음) 그러기엔 나이를 먹어버렸네요.

상담자   들어본 지 오래되었다는 그 말, "당신을 보면 ……밀월여행이라도"를 남편에게 말해보세요.

민영 씨   미쳤다고 할 것 같아요. 단번에 거절할 것 같구요.

상담자   자신의 매력을 알고 당당해지면 사랑 표현도 자연스러워져요. 상대가 바쁘다거나 싫다 해도 거절감을 느끼지 않구요. 다음 기회로 미룰 뿐이죠.

민영 씨   제가 부족한 게 그 점이었던 것 같아요. 나 자신으로 충족감이 없으니까 늘 허전하고, 사랑한다는 소리에 목말라했던 것 같아요.

상담자   자신 속의 충족감만큼 매력 있는 게 없죠. 민영 씨 속의 온기를 더듬는 것부터 해보세요.

민영 씨   어떻게 하는 거예요?

상담자   내가 나를 달래주는 거예요. 위로도 해주고요.

민영 씨   나를 사랑해주면 매력이 생긴다, 그 말씀인 거죠?

상담자   네, 매력은 '외부'에서 오는 게 아니라 '자기 내부'에서 오는 거니까요.

민영 씨   수줍어하면서도 뜨거운 한여름의 사랑도 해보고 싶어요. 나를 억압하지 않으면서요.

상담자   물론이죠. 자신 속의 감춰진 매력과 감정불감증을 찾아보세요.

민영 씨   눈을 크게 뜨고 저를 들여다보면서 저만의 분위기를 만들어봐야겠어요.

상담자   네, 호기심을 갖고 천천히 해보세요.

미인은 외모가 아닌
분위기로 만들어진다

불부황으로 몸을 혹사시키느니

민정 씨는 나름 미인 소리를 듣고 살았는데, 뱃살만큼은 어떻게 하지 못하고 있다. 언니들을 따라가서 불부황까지 해봤지만 효과는 만족스럽지 못했다. 잡티 때문에 검어지는 얼굴이 신경 쓰여 얼굴 시술도 하나둘 했는데, 조금 나아지나 싶으면 다시 잡티가 생기니 감당이 안 된다.

옷으로 울퉁불퉁한 몸매를 가려보고 얼굴의 잡티를 가리다 보니 화장은 짙어만 갔다. 색조화장품도 신제품이 나오면 호기심에 사는데, 한두 번 써보면 시들해진다. 뭘 발라도 그게 그거 같고, 또 속았다는 생각에 씁쓸해진다.

온 마음을 다해 바꾸고 싶은 것, 해봐도 안 되는 것이 뱃살이라는 말을 중년이라면 다 안다. 용기를 내 불부황까지 해보지만 몸만 혹사시키고 후회를 하게 된다. 폴란드의 시인 쉼보르스카(Wislawa Symborska)의 시집《충분하다》에 나오는 시〈엘라는 천국에〉를 보면 '모든 걸 바꾸기에 너무 늦었다 해도' 그것이 끝이 아니기를 바라는 게 중년의 마음이다.

신께 기도했다,
온 마음을 다해서,
행복한 백인 소녀로
자신을 만들어달라고.
만약 모든 걸 바꾸기에 너무 늦었다면,
주님, 제 몸무게가 얼마나 나가는지 좀 봐주세요,
그리고 절반만이라도 제게서 덜어가주세요.
하지만 자애로운 신은 '안 된다'고 대답했다

'안 된다'는 신의 대답은 참 서운한 말이다. 하지만 그 말이 정답임을 알기에 일탈을 꿈꾼다. 피부 톤도 몸무게도 내 권한 밖이라면 화장이라도 바꿔보는 것이다. 안 하던 색조화장에 마스카라까지 진하게 하고 나가면 주변 사람들이 한마디씩 할 것이다. "뭐가 달라지긴 했는데, 그러고 보니 화장이 짙어졌네요." 사람들은 빈말이라도 "예뻐졌네요"라는 말에는 인색하다. 나이 드는 게 처음이라 서운한 건 어쩔 수 없다.

지금보다 다섯 살, 열 살 어린 시절로 돌아갈 수는 없지만 자신만의 분위기를 찾는 것은 해봐야 한다. 몇 년 만의 여고 동창 모임에 분장 수준으로 나오는 친구들에게 "누구냐"고, "몰라봤다"고 장난치며 함께 나이들어감을 즐기는 것도 좋다. 비슷한 또래를 만나 좋은 점은 아무리 예쁜 그녀들도 화장을 벗겨내면 나와 똑같다는 사실이다.

하지만 딱 멈출 시기가 있다. 영화 〈악마는 프라다를 입는다〉(2006)의 여주인공 앤드리아(앤 해서웨이 분)는 최고의 패션 매거진 〈런웨이〉에 기적같이 입사한다. 화려한 세계가 낯설지만 외모를 꾸미고 44사이즈를 고집하며 〈런웨이〉의 여자가 되어간다. 하지만 편집장 미란다(메릴 스트립 분)의 인정 욕구에 매달리며 동료와 나 자신조차 무시하며 악마가 되어간다.

성형이나 외모에 집착하는 것은 타인의 인정과 사랑을 받기 위한 행동들이다. 겉은 화려해도 내면은 공허한 경우가 많다. 겉모습이 예뻐지고 젊어질지 모르지만, 강박적으로 지속되면 나중에는 외모도 어딘가 어색해지고 나같지 않은 다른 분위기로 변형되기 쉽다.

한때는 예뻤지만, 지금이 더 나아

우아하고 곱게 늙으려면 부지런해야 한다. 변해가는 자신에게 맞는 화장법, 의상, 걸음걸이를 새롭게 만들어갈 필요가 있다. 하지만 내면이 따라야 아름다움이 빛이 난다.

외모는 조금 부족해도 미소, 말투, 센스가 좋으면 외모가 돋보인다. 어릴 때보다 지금 예쁘다는 소리를 더 듣는다면 부단한 노력으로 나만의 분위기를 만든 것이다. 외면 가꾸듯이 내면을 가꾸다 보면 내면의 아우라가 외면에 덧입혀진다. 외면을 아무리 꾸며도 나오지 못하는 아름다움이 내면에 있다.

미야자키 하야오 감독의 애니메이션 영화 〈하울의 움직이는 성〉(2004)의 여주인공 소피는 열여덟 살이다. 그런데 마법에 걸려 아흔 살의 할머니로 변한다. 관객들이 감독에게 소피가 할머니로 변한 모습을 좀 더 젊고 예쁘게 설정할 것을 제안했지만 감독은 "미인은 '예쁘다'나 '귀엽다'가 아니라 분위기에서 만들어진다"고 했는데, 그 말에 공감이 간다.

젊었을 때의 소피는 "시간이 없어, 에너지도 없어. 거리는 멀고, 위험해"라며 부정적인 생각을 가지고 산다. 아무런 흥미도 없이 하루하루를 보내는 무기력하고 자존감이 약한 모습이다. 그런데 놀라운 것은 할머니가 된 후의 소피는 외모는 늙었지만 마음은 더욱 젊고 당당하다는 점이다. 어려운 상황에서 자신 안의 강인함을 찾았기에 생긴 반전이다. 어려움을 이겨낸 사람들에게서는 꿋꿋한 분위기가 풍긴다.

소피는 "할머니가 되니 힘들어. 하지만 이 정도면 건강해. 옷도 잘 어울려. 이빨도 건강해"라며 지팡이를 짚고 씩씩하게 살아간다. 영화를 잘 보면 소피가 긍정적인 말을 하거나 용기를 가질 때는 젊은 모습으로 변하지만, 좌절하고 침울해하면 늙은 모습으로 변하는 것을 알 수 있다. 감독이 의도한 것인지 모르지만 그렇다.

"나도 한때는 예뻤지만, 지금이 더 나아"라고 스스로를 인정해주는 긍정적인 자기평가가 자신을 미인으로 만든다. 타인을 의식하기 시작하면 나만의 분위기도 자기 색깔도 생기지 않는다. 메이크업도 내가 해보지 않은 색깔을 써보자. 나이 먹어도 부츠 신고 짧은 스커트를 입어도 되고 머리를 길러도 된다. '내가 봐도 너무 아니다' 싶은 정도만 아니면 된다. 뭐든 시도해봐야 자기 스타일을 찾을 수 있다.

나를 향한 한마디
'그랬구나'

쉬지 않고 말을 하는 이유

은지 씨는 걱정이 많다. 꼬리에 꼬리를 물고 애들 걱정을 하다가 다시 남편 걱정을 한다. 낮에 누군가를 만나고 오는 날에는 '그 사람은 무슨 뜻으로 그런 얘기를 했을까?' 하고 고민한다. 생각으로 끝나면 다행인데, 불안한 마음을 누군가에게 계속 말해야만 그나마 속이 편해진다. 평소에 조용하기만 한 그녀가 한번 말을 시작하면 아무도 끊을 수가 없다. 그래서인지 사람들이 자기를 피하는 것 같고, 그나마 얘기를 들어주는 남편조차 20분이 넘어가면 "제발, 그만해"라며 자리를 피해버린다. 그럴 때마다 '저렇게 차가운 사람과 한평생을 살다니' 하는 생각이 들면서 정이 뚝 떨어진다.

말이 끊어질 것 같다가 다시 말꼬리를 이어가는 건 할 말이 많아서이다. 어릴 때 아이들이 엄마나 아빠에게 놀아달라고 떼를 쓰기 시작하면 끝이 나지 않는 것과 같다.

"동화책 읽어줘요!"

한 권이 두 권이 되고, 두 권이 세 권이 되면 그만 자라고, 이번이 마지막이라고 호령하고 달래다 겨우 재웠을 것이다. 아이가 놀이에 그렇게 매달리는 것은 자기 마음을 달래달라는 신호이다. 사랑해달라는 것이고, 중요한 존재를 옆에 둠으로써 안정을 얻으려는 시도이다.

요즈음 은지 씨처럼 그러고 있다면 외로움 병에 걸린 건 아닌지 의심해봐야 한다. 끊임없이 말하는 행동의 표면적 감정은 외로움이나 불안일 수 있지만 마음속에 화를 품고 있는 경우도 있다. 불안은 인간의 근원적 감정이고, 계속 방치하면 분노나 슬픔과 같은 다른 감정으로 번지기 때문에 원인이 한 가지만 있는 것은 아니다.

어른이 되어도 감정은 채워져야 한다. 같은 말이라도 따뜻하게 느껴지기도 차갑게 느껴지기도 하는데, 언어는 속일 수 있어도 마음은 속일 수 없다. '힘이 빠져버린 표정, 작은 한숨, 초조한 나의 목소리를 누군가 알아주면 좋으련만…' 하는 바람이 현실에서는 잘 실현되지 않는다. "주말에 영화나 보러 갈까?"라는 말을 남편들은 곧이곧대로 듣는다. '나 외로운데 함께 있어 줘'라는 말일 수도 있는데. 그런 경우에는 남편과 영화를 함께 보고도 마음이 풀리지 않아 여전히 허전하고 쓸쓸하다. 자신의 마음이 만들어낸 공허를 미처 깨닫지 못하면서 말이다.

가끔 타로카드를 상담 도구로 사용할 때가 있다. 그들이 뽑은 카드가 '소유와 물질세계로부터 분리된 자아성찰'을 의미해도 현재 돈 걱정이 앞서면 '물질적 풍요'의 카드로 보인다. 무슨 카드를 선택했고 그 해석이 어떠하든 자신의 마음을 속일 수는 없다. 불안 속 쓸쓸한 자기 마음을 들여다볼 필요가 있다. 남편과 영화 보고 외식하고 차도 마셨지만 행복하지 않은 건 매사를 못마땅하게 보는 자신의 마음 때문일 수 있다.

짧은 말이 더 감동을 준다

살면서 10분만 얘기해도 불안이 사라지고, "괜찮을 거야" 한 마디로 눈 녹듯이 두려움을 없애줄 사람을 만나면 다행이다. 하지만 내 마음을 편하게 해주는 것은 상대의 말이 아니다. 단어의 나열이 아니라, 그 속에 담긴 감정까지 해석되어야 비로소 그 말이 제 기능을 한다.

　내 마음속 감정이 정리되면 자연스럽게 말이 줄어든다. 속이 시끄럽지 않기 때문이다. 남에게 하는 대부분의 말은 자신에게 해주고 싶은 말들이다. 살면서 아직 해결하지 못한 감정의 찌꺼기들인 것이다. 인간은 본래의 자신을 찾고 싶어 한다. 자신이 어떤 사람인지 궁금해하며, 자기 내면의 이야기를 하고 싶어 한다. 아이러니하게도 남의 말을 듣는 데 초점을 맞추면 자기 내면의 소리도 잘 들린다. 남을 위하는 말이 사실은 자신에게 하는 말이다.

　"고마워요."

　"내가 더 고마워요."

　짧아도 이런 말이 상대방의 마음에 파고든다. 말이 자신도 모르게 길어지고 있다면 당분간 혼자 있는 시간을 갖는 것도 좋다.

　얼마 전 수선 가게에 들렀다. 수선 마무리를 하던 아주머니가 딸 취업 걱정을 하며 이야기보따리를 풀어놓았다. 그날, 아주머니의 딸이 두 군데 면접을 보는 날인데 휴대폰 배터리가 방전되어 연락이 끊기는 바람에 결국 한 곳만 봤다는 것이다. 앞의 회사는 면접을 못 봐서 기회가 상실되었고, 뒤의 회사는 내일부터 근무하라는 연락을 받았다고 한다. "면접을 보지 않은 회사가 더 좋은 회사라면 어쩌지?" 닿지 않은 인연에 대한 아쉬움이 아주머니의 목소리에 역력히 묻어났다.

"내가 요즘 손님한테 말을 많이 하네요."

요즘 말이 많아졌다며, 자신이 왜 그러는지 모르겠다며 하소연을 한다. 나는 많은 말로 위로하거나 안타깝다고 수선을 떨지는 않았다. 닿은 인연에 힘을 실어주었더니 아주머니는 "그렇죠"라며 안도감이 느껴지는지 행복한 웃음을 지었다.

말을 많이 해야 마음이 전달되는 것이 아니며, 최소한의 반응이 오히려 마음을 편하게 할 수 있다. 나를 위한 짧은 말 한마디 "아, 그랬구나" 정도면 족하다.

내 힘으로 느끼는
내 감정

부정 말고 인정하자

영미 씨는 아침 출근길에 모르는 사람과 싸웠다. 지하철에서 내리는데 심하다 싶을 정도로 사람들이 밀쳐서 "그만 좀 밀어요"라고 한마디 했다. 그러자 옆에 있던 비슷한 연배의 아줌마가 "내가 언제 밀쳤다고 그래?"라며 더 세게 밀쳤다. 사람들이 일제히 영미 씨와 아줌마를 쳐다보며 지하철을 빠져나갔고, 영미 씨는 창피하기도 했지만 '뭐 이딴 여자가 있어'라는 생각에 "밀었잖아요!"라고 큰 소리로 그 아줌마에게 대꾸했다. 그렇게 시작된 싸움은 10여 분간 계속되었다.

퇴근 후 곰곰이 생각하니 '평소에 내 속에 화가 많았나?' 하는 생각이 들면서 어이가 없더라는 것이다.

자신의 감정까지 살피며 사는 것은 쉽지 않은 일이다. 하지만 최소한 나에게 불거진 이런 사건들을 통해 자신을 바라볼 수 있어야 한다.

"왜 소리를 질러요? 조용히 말해도 되잖아요?"

"내가 언제요. 댁이야말로 엄청 흥분했거든요?"

"암튼 사과하세요. 난 사과만 받으면 돼요."

상대방이 사건을 촉발했을지 몰라도 감정은 자신의 것이다. 아직 풀리지 않은 내 감정이 에너지를 뺏는 주범일 가능성이 많다.

분노에 시달리면서도 '내 감정 하나 조절 못 하나' 하는 생각에 부끄러워 겉으로 웃는 것, 되레 다른 사람을 웃게 해주면서 '난 끄떡없다'는 메시지를 드러내는 것은 자신의 욕구와 정반대의 표현이다. 자신의 감정을 인정하는 순간 힘들어지는 걸 알기 때문이다. 누군가가 지친 나를 보고 "힘들어서 어떡해요"라고 물으면 "나도 모르겠어요, 어떡하면 좋을까요?"라고 말하면 되는데 그 말이 잘 안 나온다. 힘들다고 해버리면 정말 무너져버릴 것 같기 때문이다. 더구나 위로를 받으면 내 기분을 들켜버린 것 같아 싫다. 이 경우엔 위로가 권력이 된다.

시기나 질투도 마찬가지이다. 영화 〈아마데우스〉(1984)에서 살리에르는 천부적 재능을 가진 모차르트를 질투하고 미워하면서 좌절하고 갈등을 한다. 모차르트를 파멸로 이끌고 자신의 열등감을 드러낸다. 채우지 못한 자신의 욕망을 이미 가진 상대에게 투사해 일어나는 감정들은 미성숙한 면이 있다.

그렇다고 어떤 감정도 느끼지 못하는 억압 상태도 성숙하다고 볼 수 없다. '초자아'는 끊임없이 우리에게 이렇게 말한다. '인간의 본성을 벗어난 선한 의도와 행동을 하려면 감정을 누르는 길만이 살 길이다.' 본성과 감정을 억압하면 완벽주의적 성향을 띠고 자기검열을 많이 하는 성향으로 바뀐다. 그래서 분노, 슬픔, 미움, 외로움 같은 부정적인 감정이 올라오면 수치심이나 죄책감을 느끼며 괴로워한다.

중년 여성들 중에 방어기제의 하나인 부정을 통해 자신의 감정을 무시하는 사람들이 많다. 하지만 부정을 하면 할수록 그 감정이나 욕망은 더 커진다. 예를 들어 식욕에 시달리는 경우 "나는 배고프지 않으며, 먹고 싶지 않다"고 부정할수록 욕망은 커진다. 그러니 배고픈 나의 감정을 있는 그대로 받아주자. 내 힘으로 느끼는 내 감정이니 얼마나 소중한가.

사소한 감정 속 나를 찾아서

욕망이 충족되거나 좌절되면 행복과 기쁨, 혹은 슬픔과 분노를 경험한다. 그리고 기대나 충족의 기준에 얼마나 도달했는지에 따라 뒤따르는 감정은 다르다. 누군가는 아침 햇살에서, 누구는 시집을 읽을 때, 좋아하는 사람과 손잡고 마주 앉아 있을 때 좌절을 잊고 위로를 받는다. 긍정심리학자 미하이 칙센트미하이(Mihaly Csikszentmihalyi)가 말한 무언가에 흠뻑 빠져 있는 심리적 상태인 '몰입(flow)'이 일어나는 시점이다.

사소한 것에서 감정을 느낄 수 있다는 건 아직 젊다는 것이다. 아직도 질투, 분노, 해결되지 않은 미움과 같은 감정을 느끼는 것은 좋은 것이다.

누구나 끝없이 욕망을 찾아 헤맨다. 호르헤 보르헤스(Jorge Borges)는 《바벨의 도서관》에서 도서관을 거대한 우주로 보았다. 우주의 신비를 풀어줄 절대적인 책을 발견하려 하지만 결코 찾지 못한다. 그가 말하는 절대적인 책은 '인간의 끝없는 욕망'이다. 욕망이 내 능력을 넘어서면 감정도 마비된다. 나이를 먹어도 잘 수그러들지 않는 게 욕망이다. 어릴 때 바람개비를 들고 뛸 때 바람이 잘 불어주면 쌩쌩 돌아가지만, 바람이 멈추면 바람개비도 같이 멈춰버린다. 잘 돌아가라고 막 뛰어가거나 짜증을 내며 발을 동동 굴렸던 경험이 있을 것이다. 뭐 하나라도 내 마음대로 되지 않으면 못 견뎌 하지는 않았는가?

조급하게 자신을 몰아세우지 말자. 거창한 계획을 세워놓고 달성되지 않는다고 안달하지 말고, 일하다가 힘이 들면 침대의 폭신함에 몸을 던져 10분이라도 쉬어주는 것이 좋다.

아직 거들떠보지 않은 감정이 있다면 그 속의 나를 찾아봐야 한다. 나의 욕구를 살피는 것이 나를 속이지 않는 길이며, 나의 감정을 문전박대하지 않는 것이 나를 아는 시작점이다.

친구는
적어도 괜찮다

편한 친구를 나열해보면 내가 보인다

　은미 씨는 그동안 가족에만 신경을 써서인지 마음을 나눌 친구가 별로 없다. 귀찮게 하는 친구가 있지만 그나마 없으면 외로워지는 게 싫어서 그냥 만난다.

　싱글인 선영 씨는 이성끼리는 친구가 될 수 없다는 생각에 남자를 멀리하다 보니 쉰이 되었는데도 휴대폰에 남자친구 번호 하나 없다. 그땐 그게 당연했는데, 이제 와보니 인생 헛산 것 같다.

　친구를 통해 나를 보게 된다. 친구는 나를 성숙시키기도 하고, 꿈을 되찾아주기도 하고, 내가 몰랐던 모습을 찾아주기도 한다. 그런데 왜 친구를 남자, 여자, 나이로 구분하는지 모르겠다.

십 대에 친구를 남녀로 구분하기 시작해 연애하고 결혼을 하면 그 벽은 더 높아진다. 배우자를 의식해서이기도 하지만 스스로 이성과의 만남에 제한을 두기도 한다. 그런데 나이가 들어가면서 좋은 점이 있다. 남자를 봐도 짜릿하지 않고 한 인간으로 보인다. 남자친구, 애인, 친구를 구분 짓던 때를 훌쩍 넘어 인간으로 만나게 된다. 카페 주인, 식당 할머니, 옆집 사는 유치원 아이와 친구가 될 수 있다. 갑자기 친구하자고 할 수도 있지만 자연스럽게 눈인사, 쿠키 하나 건네는 다정한 행동, 상대방이 쓰는 언어에 관심을 보이다 보면 많은 친구가 생긴다.

진영 씨는 나이가 적거나 또래인 남자들과는 불편하다. 편한 순서를 나열해보라고 했더니 나이 많은 사람, 여자, 남자 순으로 꼽았다. 나이가 많거나 권위가 있는 대상은 부모같아서 편하고, 여자는 보통이다. 하지만 남자들은 나이에 관계없이 불편하다. 생각해보니 자란 환경이나 남편 모두 보수적이라 그 영향이 있는 것 같았다. 이와 정반대의 성향도 꽤 있다.

중년들에게 "두려움 없이 친구를 만나보라"고 하면 옛 친구가 좋다거나, 지금 친구도 유지하기 힘든데 무슨 새로운 친구를 사귀느냐, 젊은 친구들이 친구해주겠냐고 되묻는다. 하지만 단지 나이가 많아서가 아니라 이기심, 아집, 구태의연함과 같은 성향이 걸림돌이 되는 경우가 많다. 소꿉친구나 동창이 편할 수는 있지만, 자세히 들여다보면 말이 잘 통하지 않아 서로 다른 얘기를 하는 경우가 많다. 각자 다른 방식으로 살아왔다면 더욱 그렇다. 기본적으로 성격이 아무리 비슷해도 살아오면서 가치관이나 인식 방식이 달라졌을 테니까.

오랜 친구였다는 이유만으로 힘든 관계를 억지로 유지할 필요는 없다. 다른 세대 혹은 다른 성별과 교류한 경험은 모험과 호기심을 넘어서 내 안의 다양한 자아를 만나게 한다. 헤르만 헤세(Hermann Hesse)의 책 《데미안》은 중년들이 내면 속의 선과 악, 내적 성장, 꿈, 진정한 자신을 찾아가는 데 도움이 된다. 《데미안》의 주인공 싱클레어가 데미안과의 만남을 통해 성장한 것처럼 말이다.

친구는 자신의 다른 자아일 수 있다. 나와 유사한 그림자를 가진 사람을 만나면 강하게 끌린다. 실패나 아픔, 상처가 비슷하면 공감대가 형성되면서 친구가 된다. 살다 보면 몇 번은 그런 인연을 만나는데, 그 만남은 행운이라 할 수 있다.

친구란 서로를 빛나게 하는 관계이다

　카페, 술집, 영화관, 미술관, 산책길, 도서관, 종교기관에 가게
됐을 때 같이 가고 싶은 친구 목록을 작성해보자. 두세 항목에
이름을 올리는 친구가 있는가 하면, 한 항목에만 이름을 적게
된 친구도 있을 것이다.
　친구로 인해 내 삶이 풍성해지고 든든하다면 얼마나 좋을
까? '존재만으로도 충분한 친구' 하나를 꼭 만들자. 그러려면 내
가 먼저 그런 친구가 되어야 한다. 자신을 먼저 성숙시키는 사
람이 좋은 친구를 만날 수 있다. 관계를 함부로 하지 않는 사람,
평소에 만남을 소중히 하고 흘려버리지 않는 사람에게 좋은 만
남이 기다린다.
　영화 〈비긴 어게인〉(2013)의 주인공 댄(마크 러팔로 분)과 그
레타(키이라 나이틀리 분)는 우연히 만나 서로의 음악 성향과 이
야기를 공유하며 뉴욕 거리를 누빈다. 클럽에 들어가 함께 춤을
추고, 음악과 분위기에 흠뻑 빠진다. 그레타와 댄의 대화에서
친구의 의미가 떠올랐다.
　"가장 따분한 순간까지도 갑자기 의미를 가지게 되니까. 이
런 평범함도 음악을 듣는 순간, 아름답게 빛나는 진주처럼 변
하지."

'음악'의 자리에 '친구'를 대입해도 좋다.

친구란 따분해도 평범해도 좋다. 친구는 서로를 빛나게 하는 관계이기 때문이다. 그렇다고 의미 있는 관계여야만 하는가? 꼭 그렇지는 않다. 그간 마음을 배려하고 마음써주었던 친구가 날 하찮게 대한다 해도 지켜봐주고 싶은 사람이 친구다. '내가 해준 게 얼만데?' 그런 마음이 드는 관계는 어쩌면 처음부터 친구가 아니었을지 모른다는 생각이 든다.

친구가 많다고 좋은 게 아니다. 친구란 진짜 나를 위로하고 성장시키는 몇 명이면 된다. 관계도 미니멀리즘이 필요하다. 외로워질까 봐 억지로 관계를 끌어갈 바에는 새로운 사람을 만나자. 말하지 않아도 통하는 성격이 비슷한 친구뿐만 아니라, 나의 단점을 지적해주는 반대 성격의 친구도 있어야 한다. 친구의 나이도 나보다 다섯 살에서 열 살 위아래로 만나 10년의 감각을 뛰어넘어보자.

감정 누드,
나는 여자다

벗은 몸보다 섹시한 감정 누드

　전철이나 버스를 타고 가다 보면 탤런트나 영화배우처럼 세련되고 예쁘지 않으면 중년 여성이 주목 받는 일은 거의 없는 것 같다. 반면, 나풀거리는 이삼십 대는 아무거나 입어도 예쁘고 생기가 폴폴 나 한번 더 보게 된다.

　은옥 씨는 어느 날 문득 예쁘든 못생겼든 나이를 먹으면 젊은 시절의 외모와는 상관없이 비슷해진다는 것을 알게 되었다. 하지만 아직은 여자이고 싶고 가끔 로맨틱한 사랑을 꿈꾼다. 그러다 팜므파탈이 되는 생각에 이르면 고개를 가로젓는다.

　그런데 속살과 등에 난 작은 점까지 오래전에 다 알아버린 사이인 남편이 술 한잔 하고 로맨스 영화의 키스 신을 흉내 내려고 하면 기겁하며 핀잔을 주기 십상이다.

"주책이야, 뭐하는 짓이야! 징그러워, 저리 가!"

은옥 씨는 이십 대로 회귀한 듯 착각에 빠졌다가도 바로 현실로 돌아온다. 하긴, 만날 다리에 힘이 풀리고 심장이 두근거리면 어떻게 살아가겠는가? 두근거림이 사라진다는 건 신이 내려준 큰 축복이다.

그런데 나이가 들면서 젊음은 소멸되고 책임감만 남는다면 회환이 들 수 있다. 불쌍해지지 않으려면 가끔은 영화 속 여주인공이 되어 누군가와 치명적인 사랑을 하고, 갖가지 체위로 현란한 섹스를 하는 공상을 해도 된다. 굳이 뭐를 안 해도, 벗은 몸으로 나란히 옆에 누워만 있어도 잠든 쾌락을 깨울 남자를 꿈꾼다면 아직 여자이고 싶은 것이다. 낭만은 프랑스 여자들만의 소유물이 아니다. 잠든 감성을 깨우다 보면 자신도 모르는 매력이 나온다.

문제는 거울 속에 비친 몸은 결코 낭만적이지 않으며, 로망은 꿈속에서나 일어난다는 것이다. 원하는 건 세월이 흘러도 변함없이 나만 바라봐주었으면, 목소리나 표정의 변화쯤은 알아차리고 왜 그러느냐고 물어봐주었으면 하는 것뿐이다. 남편이 첫사랑을 들먹이거나 길 가다 다른 여자를 흘깃 쳐다보면 싫어지는 등 유치한 줄 알면서도 질투가 나는 건 아직 여자의 매력을 간직하고 싶은 것이다.

"아휴, 그 이가 귀찮게만 안 했음 좋겠어요."

물론 그렇다. 그런데 "오늘 야근이야, 문단속 잘하고 자"라는 남편의 연락을 받으면 왠지 마음이 휑해지는 건 왜일까.

스트레스가 쌓여 위로가 절실한 상황이라면 더욱 그럴 것이다. 쓸쓸하고 외롭고 혼자 내쳐진 기분이 들 때는 솔직하게 말해도 좋다. "나 좀 안아줘요. 조금만 이대로 있어줘요"라고. "오늘은 함께였으면 좋을 텐데, 허전해서 잠을 설칠 것 같아요"라고 말해도 된다. 아닌 척 고상한 척 하지 말자. 그의 의도적 긴 키스는 진정성이 없어서 안 되고, 장난스레 에로틱한 장면을 연출하는 것은 가짜 같아서 안 된다는 강박으로 자신을 괴롭히지도 말자. 여자로 봐주지 않는 그를 원망할 일이 아니다. 한 남자를 사랑에 빠지게 하고 그를 설레게 하는 것은 외모가 아니다.

벗은 몸보다 섹시한 건 감정 누드이다. 감정 누드는 막막하고 불안한 심정, 숨긴 분노까지도 드러내는 것이다. SNS에 다수의 누군가를 향해 우울하다고 감정을 공개하는 것과는 다르다. 그것은 아무렇지도 않은 듯 가장한 글이다. 글로 표현하면서 감정의 수위가 조절된 것이고, 댓글로 교감하는 것 같아도 피상적인 수준이다.

가식을 배제한 나를 만나자

　직접 만나서 얼굴을 보고, 목소리를 들려주고, 살을 맞대고 등을 쓰다듬는 것, 감정 누드만큼 사람을 위로해주는 것은 없다. 편하고 익숙해져 열정은 사라져도 서글픔을 알아주는 것으로 충분하다. 긍휼의 마음이 담겨 있기 때문이다.
　한용국 시인의 시 〈금요일의 pub〉에 이런 구절이 있다.(《그의 가방에는 구름이 가득 차 있다》, 천년의시작, 2014)

　우리에게 허락된 자세는 풍자를 베끼고
　해탈을 지껄이다 우아하게 사라지는 일
　[중략]
　사랑을 이야기하던 시간들은 지나갔지만
　서정적인 척추를 쓰다듬는 일은 가능하니까
　무성생식에도 서글픈 온기는 있다고 믿으니까

　내가 외로운 건 에로틱한 대화가 끊겨서가 아니라, 욕망도 위로도 끊어버린 우아함 때문이다. 강박적 사고에 갇힌 몸은 끊임없이 자신을 꺼내달라고 아우성친다.
　2017년 겨울, 소마미술관에 테이트 명작전 〈누드〉를 보러 갔다. 나이와 인종을 망라한 아름다운 여성들의 나신 그림들이 대거 걸려 있었다. 마지막 전시실 입구 벽에 새겨진 영국의 미술사가 마틴 햄머(Martin Hammer)의 글이 인상적이었다.

'나체 초상은 얼핏 볼 때 인체의 내면보다도 겉모습에 관한 것이다. 그럼에도 불구하고 알몸이란 가식을 배제한 자아를 상징한다. 눈에 보이지 않는, 사적이고 내면적인 자아를 가리킨다.'

내가 잃어버린 건 상대의 식어버린 마음이 아니다. 수치심도 두근거림도 없어진 나, 여자이다. 스스로 여자이기를 포기하지 말자.

'나만의 매력 살리기'는
미래형이 아닌 현재형으로

나만의 매력은 '변한 모습'이 아닌 '현재의 모습'을 인정하고 행동하는 데서 생겨난다. 남의 눈치를 보느라 '언젠가 매력이 생기겠지' 하고 미뤄왔다면 '나는 지금 매력 있다'라고 생각하고 행동해야 한다.

– 만약 체중이 빠지면~~~ 원피스를 입어야지 (X)

➡ 지금의 체중에 딱 맞는~~~ 원피스를 입는다 (O)

– 자녀가 대학에 들어가면~~~ 어학 공부를 시작해야지 (X)

➡ 지금 바로~~~ 어학 강좌에 등록한다 (O)

감정의 근육 키우기

감정을 단련하면 매력이 상승되어 다른 사람들에게 호감을 준다. 그러나 자신의 감정에 책임을 못 지면 주변 사람들은 눈살을 찌푸린다. 감정의 근육을 키우는 방법은 자신의 감정을 억압하지 않고 보듬어주는 것이다.

감정의 근육 키우기는 3단계를 거쳐야 한다. 1단계는 어떤 상황에서 어떤 감정을 느꼈는지 생각하는 것이다. 2단계는 그때 무슨 생각을 했는지 떠올리는 것이다. 3단계는 감정과 생각 이후의 행동에 주의하는 것이다. 자신의 감정에 책임지고, 다른 사람의 감정도 공감해주면 긍정적인 감정과 사고, 행동의 균형이 잡혀간다.

긍정적 감정, 사고, 행동 : 자존감, 결단력, 유연성, 낙천성, 열중, 희망, 관대함, 행복감, 호기심, 객관성, 현실성

부정적 감정, 사고, 행동 : 현실도피, 무책임, 분노, 우유부단, 의존성, 공포, 불안, 걱정, 편협, 무시, 자포자기

감정치유를
돕는 명언

사랑에 의한 모든 행동은 도덕적이라고 할 수 없다. 오히려 종교적
이다. _니체

명언 그대로 필사하기

나의 말로 바꿔쓰기

행동 변화 시도하기

약간의 짜릿한 경험, 작은 낭만을 찾기 위한 '나와 그', 둘만의
방법이 있는가?

66

당신은 지금도 앞으로도
안녕할 자격이 충분하다

99

4장
혼자만의 시간 갖기

혼자 여행이라뇨?
생애 처음입니다

상담자 어떻게 지냈나요?

민영 씨 선생님, 이번엔 제가 생전 안 해본 걸 했어요.

상담자 궁금해지네요. 무엇을 했나요?

민영 씨 2박 3일 동안 혼자 부산 여행을 다녀왔어요. 처음엔 짧다 생각했는데, 길게만 느껴졌어요. 계속 가족이 꿈에 보이고 악몽을 꾸는 거예요.

상담자 혹시 가족이 신경 쓰였나요?

민영 씨 그랬나 봐요.

상담자 얼마나 신경이 쓰였으면 악몽까지… 어떤 꿈이었나요?

민영 씨 승용차에 가족을 태우고 가는데, 제가 운전을 하고 가요. 그런데 중간에 가족들이 한 명씩 사라지는 거예요. 한참 가다가 아들, 딸, 남편까지 차례대로 없어지더니 부산에 도착했을 땐 혼자 남아 있었어요.

상담자 꿈이지만 놀랐겠네요. 기분은요?

민영 씨 혼자 남겨진 느낌이 무섭고 우울했어요. 첫날 울다 잠이 깼어요. 밤중에 집에 전화 걸고 난리를 쳤어요. 다 잘 지내는데 혼자 걱정을 한 거예요. 남편이 집안 신경 쓰지 말라고 당부해서 마음을 다잡긴 했어요. 전 왜 이럴까요, 선생님.

상담자 어렵게 간 여행인데 제대로 못 즐겼겠네요.

민영 씨 첫날은 꿈 생각이 자꾸 나서 신경이 온통 집에 가 있는 거예요. 둘째 날부터는 적응이 돼서 좀 나았어요. 자유롭게 훨훨 날아다닐 줄 알았는데, 잘 안 되더라구요.

상담자 결혼을 했든 안 했든 고독의 시간이 필요해요.

민영 씨 처음 하는 혼자 여행이라 잔뜩 주눅이 들어 주변을 살피며 다녔어요. 그래도 스스로에게 "잘할 수 있어. 뭐 이쯤이야" 하며 주문을 걸고 맛집 검색하고, 숙소 찾아가고, 식당 주인하고도 이야기를 나누었어요. 둘째 날은 여행지에서 시티투어 버스도 타고, 해안 산책길 따라 가며 다른 사람들을 살펴보는 여유도 생기더라구요.

상담자　스스로에게 용기를 주었네요. 막상 해보니 별거 아니죠?

민영 씨　네, 중간에 예상을 빗나가는 일들이 생기기는 했어요. 소문난 예쁜 커피숍에 9시쯤 갔는데 개점 시간 착오로 1시간 기다리기도 했고, 파전과 동동주가 맛있는 집에 간다고 점심을 굶고 갔는데 그날이 쉬는 날이라든가, 바다가 보이는 횟집에 예약을 했는데 그날따라 단체 손님이 많아 시끌시끌한 분위기를 견뎌야만 하는 일들요. 편의점에 맥주 사러 잠깐 나왔다가 비가 갑자기 쏟아져 숙소까지 막 뛰어갔던 일, 날씨만큼이나 갑자기 고독감이 밀려와서 눈물이 나기도 하고. 참 이상한 여행이었어요.

상담자　예상이 빗나가고 스트레스를 겪으면서 단단해지기도 하지만, 고독감에 빠져서 혼자 남겨진 것 같은 느낌을 받기도 했군요. 여행을 가면 자유로움만큼이나 자신의 취약했던 감정까지 맞닥뜨리게 되죠. 자신을 분석하지 말고 물을 줘보세요. 틔운 싹이 말라죽지 않게요.

민영 씨　네, 평소 저는 정말 씩씩하거든요. 그런데 혼자 떠나 보니 그게 아니었어요. 숨겨졌던 감정들이 튀

139

어올라 혼났어요. 여행하면 맛있는 것 먹고, 신나게 놀다 가리라 마음먹었거든요. 그런데 낯선 감정들을 치워버리고 싶은 거예요. 미움, 화, 자책, 불안, 외로움… 왜 속이 그리 복잡한지….

상담자 그래도 느끼셨네요. 자기 자신이라고 함부로 하지 말고 그런 감정의 문 앞에서 노크를 해보세요. '들어가도 될까? 괜찮겠어?' 준비할 시간을 주는 거예요. 언제부터 그렇게 혼자 있는 걸 싫어했는지, 외로움의 감정만 있는지, 불안이나 다른 감정도 있는지를 생각하다 보면 성장의 좋은 계기가 되죠.

민영 씨 저는 어릴 때 부모님이 늘 싸워서 불안했어요. 형제가 없어 혼자 삭혀야 했지요. 나는 정말 좋은 가정을 만들어야지, 그런 마음으로 일찍 결혼했고, 가족들 마음 편하게 해주려고 늘 조심했어요. 혼자 조바심을 내는 것 같아요. 무슨 일이 일어날까 봐. 제가 어릴 때 돌봄받고 싶었던 마음을 가족들에게 보상해주고 있었던 것 같아요. 남편이나 애를 혼자 있게 두지 않으려 했어요. 그런데 그것 때문에 가족이 답답하다고 하니까 정말 기가 막혔어요. 이번에 혼자 여행을 감행한 것도 내가 힘들고 답답해서가 아니라 가족이 저를 답답하다고 해서예요. 나 없이 잘하나 두고 보자 그 마음으로 부산행을 택한 거였어요.

상담자 혼자 있는 것이 싫었고, 가족들에게 과잉보상을 하며 자신을 위로해주고 있었군요.

민영 씨 네, 딱 그 심정이었던 것 같아요.

상담자 적당한 거리를 유지하는 게 그만큼 어려운 것 같아요. 넘치면 속박이 되고, 모자라면 방임이 되니까요.

민영 씨 제가 방임으로 자라 속박하는지도 몰라요.

상담자 그것을 애착으로도 설명할 수 있어요. 안정애착으로 자란 사람은 결혼 대상자도 비슷한 사람을 만나요. 그래서 서로 떨어져 있는 시간에도 서로를 믿어줘요. 그러니 좋은 관계가 되죠. 함께 살아도 자유롭게 해주니까 답답해서 굳이 도망가듯 멀리 혼자 여행을 가지 않아도 되거든요. 짧은 기간이라면 혼자 여행하는 것도 얼마든지 허락을 하구요.

민영 씨 저희 집은 상상도 못 할 일이에요. 남편도 외롭게 자라서요. 저 없으면 절대 아무것도 못해요.

상담자 그래도 이번에는 보내주신 거잖아요. '나 없으면 안 된다'는 건 어쩌면 내 생각일 수 있어요. 합리화죠. 나 혼자 떨어져 있는 느낌이 싫어서요.

민영 씨 그런 것 같기도 해요. 이번에 보니까 남편이 아이들도 챙기고 알아서 잘했더라구요.

상담자 여행 다녀와서 달라진 점이 있나요?

민영 씨 정말 신기한게요. 딱 3일 집을 비웠을 뿐인데, 그후로 가족들이 집안일을 돕는 거예요. 남편이 설거지를 하고, 아이들이 방을 정리하고요. 그전에는 제가 못 하게 했어요. 말로는 '밖에서 힘드니 집에 있는 내가 한다'고 했는데요. 생각해보면 내 존재감을 거기서 찾은 것 같아요. 그리고 지치니까 가족들에게 짜증내고.

상담자 가족들 덕분에 적정선을 찾아가고 있군요.

민영 씨 생각해보면 제가 '혼자' 남는 것을 두려워한 것 같아요. 그래서 겉으로는 안 그런 척 잔소리를 하지만, 마음속으로는 가족들에게 쩔쩔맨 것 같아요. 사실 다 눈치챘겠죠.

상담자 민영 씨가 다 해주니 가족들은 편했겠죠. 하지만 민영 씨가 버거워하면 가족들도 편할 수만은 없죠.

민영 씨 이번에 그래서 터진 것 같아요. 저도 달라져야죠.

상담자 달라진 점이 또 있을까요?

민영 씨 크게 달라진 건 아니지만, 아침에 가족들 나가면 청소해놓고, 1시간 내 안쪽으로 주변 여행을 하고 있어요.

상담자 좋은 생각이네요. 내가 살고 있는 주변도 봐주어야 정이 붙어요. 그러면 최상의 안식처가 되죠.

민영 씨 근처 둘레길을 산책하고 내려오다 차 한잔 마시고 고궁에 가기도 해요. 가본 지 꽤 됐더라구요. 미세먼지가 있어도 마스크 쓰고 선크림 바르고 모자 하나 쓰면 끝이에요. 지갑에 휴대폰만 챙기면 되니까요. 콧노래를 부르기도 해요. 혼자 산책하면서 치유가 일어나는 것 같아요.

상담자 산책 좋아하면 《자연이 마음을 살린다》 책도 참고하세요. 가까운 자연에서 첫 5분은 후각, 청각, 시각을 발달시킨다고 했어요. '생존의 냄새'라고 표현을 했더군요. 산책하며 치유를 경험했던 휘트먼이나 워즈워스와 같은 시인의 사례도 소개되어 있어요.

민영 씨 네, 자연 속으로 들어가니까 마음이 편해지더라구요. 그 책 봐야겠네요. 요즘 나만의 시간도 갖고, '혼자라도 괜찮다'는 걸 느끼게 돼서 다행이라는 생각이 들어요.

상담자 그전에 혼자의 경험이 없으셨던 거죠?

민영 씨   네, 가끔 혼자서 밥 먹고 차 마시고 기도하고 산책
         하고 잠도 자고 그러긴 했어요. 그런데 철저히 혼자
         있어본 적은 없는 것 같아요.

상담자   함께 있더라도 자신 속에서 놀고 쉬는 법을 배워보
         세요.

민영 씨   저도 그런 것을 느낄 때 있어요. 쉼 없이 누군가와
         말하고 나면 공허해져요. 함께 있지만 별 말 안 해
         도 편안한 그런 거 말씀하시는 것 같아요.

상담자   네, 말하는 것을 멈추면 끊임없는 쉼이 찾아오지요.
         영혼의 휴식 같은.

민영 씨   그러면 함께 있어도 혼자로 충분할 것 같아요. 상대
         의 말이나 행동에 전전긍긍하지 않고요.

상담자   그렇죠. 침범당하지 않는 존중, 그것은 자신이 만드
         는 거예요.

민영 씨   당장 '혼자 하고 싶은 버킷리스트 100', 아니 10개
         라도 만들어봐야겠어요.

상담자   저도 응원할게요.

슬픈 고독과
기쁜 고독이 있다

고독을 즐길 줄 알아야 한다

민지 씨는 혼자 있는 것을 못 견딘다. 외로움이나 고독과 같은 감정은 자신과 어울리지 않는다고 생각해 늘 명랑하고 즐겁게 살려고 노력한다. 심지어 생각을 정리하고 싶을 때도 사람이 많은 백화점, 카페, 시외버스 터미널, 공항에 간다. 그곳에서 오가는 사람들을 보고 있어야 안심이 된다.

카페에서 공부하는 젊은이들이 늘어나고 있다. 다양한 사람들이 오가고 음악 소리도 크게 울리는 그곳에서 무언가에 집중하는 그들의 심리는 무엇일까? 혼자 사색하고 공부하더라도 함께한다는 연결감을 느낄 수 있기 때문이 아닐까 한다. 고독은 관계의 욕구를 배제하지 않으면 설명이 안된다. 무리 속에 있지 않으면 안 되고 혼자 있는 것을 못 견디는 사람은 불행을 더 많이 느낀다.

그러나 사람이란 기본적으로 사람들에 둘러싸여 있으면서도 혼자 있고 싶고, 혼자 있으면 누군가가 그리워지는 존재다. 하지만 다른 사람들과의 공간에서도 자신에게 집중할 수 있고, 그것을 즐긴다면 괜찮다. 스스로 선택한 고독은 기쁜 고독이 된다. 그러나 외로움이 싫어서 도서관이나 카페를 가야 한다면 그것은 문제가 될 수 있다.

혼자 있는 것을 못 견디는 사람들이 의외로 많다. 그런 사람들은 외로움이나 소외감을 느끼지 않으려고 하루 종일 TV를 틀어놓거나, 혼자 해야 하는 공부도 도서관이나 카페에 가야 집중이 된다고 말한다. 물론 소음이 고독에 위로가 되기도 한다. 강아지 코고는 소리에 안정을 찾는 것도 마찬가지다. 사람이 그리운 거다. 얼마나 외로우면 그러겠는가.

고독은 '잠깐 동안 사람과의 단절 경험'인 만큼 그것을 견딜 수 있어야 한다. 그러니 오히려 즐기라고 말하고 싶다. 불안과 두려움이 많은 사람일수록 다른 사람과 통화라도 해서 위로받기를 원하는데, 그러한 위로는 잠시 위안이 되겠지만 어차피 자기 감정의 대부분은 자신이 감당해야 한다.

관계와 고독을 떨어뜨려놓을 수는 없다. 우리는 그것을 확인하고 싶어 관심을 끌려 하고 사랑을 확인하려 한다. 그러나 사람은 본래 고독한 존재이다. 영화 〈패터슨〉(2016)의 주인공은 버스 운전기사이면서 매일의 삶을 시로 쓰는 시인이다. 그의 평범하고 지루해 보이는 삶은 우리의 일상과 닮아 있다. 그러나 그는 아내, 애완견 마빈, 가족, 직장 동료들, 버스 승객들, 술집 손님들과 일상 속에서 관계를 맺으면서 그 순간에도 시를 쓰며 자신만의 세상에서 고독을 즐긴다. 스스로 선택한 기쁜 고독이다.

단 5분, 소음 없이 자신에게 집중하자

사람을 만나고 일을 하는 일상에서도 혼자서 정리할 시간이 필요하다. 하지만 요즘처럼 고독하기 힘든 세상도 없다.

고독해 보이는데 밝게 웃는 사람도 있다. 어떻게 그럴 수 있느냐고 하지만, 슬픈 고독도 있지만 기쁜 고독도 있기 마련이다. 슬픈 고독은 외로움이 싫은데 혼자 있을 수밖에 없는 고독으로, 고독사와 같은 사회현상과 관련이 있다. 기쁜 고독은 친구도 있고 가족도 있지만 스스로 혼자 있기를 선택한 것으로,

자신이 성장하고 혜안이 생길 수 있다는 점에서 슬픈 고독과 많이 다르다. 슬픈 고독이 온다 해도 어떻게 받아들이느냐에 따라 기쁜 고독으로 변할 수 있다.

사람은 외로우면 누군가에게 의지하려 한다. 그러다 남편이나 애인, 자녀 등 의지할 수 있다고 기대했던 사람들이 무관심하면 서운해하고 절망한다. 그러나 한시도 고독할 수 없는 자신이 문제다. 그런 일이 많은 사람일수록 홀로 있는 시간을 충분히 가져야 한다. 내면을 굳건히 할 시간이 필요하기 때문이다.

그러려면 외로움을 인정해야 한다. 같이 있어도 계속 말을 붙이거나 봐달라고 할 것이 아니라, 잠깐이라도 자신의 영혼을 어루만지며 침묵을 지킬 때 관계 근력이 생긴다.

편안함은 정서적 안정의 결과이다. 통제할 수 없는 세상을 살면서 불안과 술렁이는 감정들을 통제하고 조절할 수 있으려면 고독을 통해 배워야 한다. 불안을 견디고, 화를 조절하고, 그런 감정이 동반되는 상황들을 해석하고 사고하는 능력은 나이가 먹는다고 저절로 이루어지지 않는다. 그래서 고독을 즐기고 사색을 해야 하는 것이다.

성격이 조용한 사람이라고 해서 고독을 즐기는 것이 쉽고, 외향적인 사람이라고 해서 고독을 즐기기가 어려운 것이 아니다. 시간을 내서 고독한 시간을 갖고 자기 내면을 만나는 것은 연습이 필요하다. 그러면 자신을 채워줄 것을 외부에서 찾느라 급급해하지 않아도 된다. 혼자서도 충분하니까.

고독을 견뎌야 자기 그림자를 찾을 수 있다. 중년이 된 당신은 이제 가면을 벗어야 할 때를 맞았다. 혼자 산책하는 고독한 시간에 스쳐가는 생각들을 메모하거나 마음에 새겨라. 그러면 내가 더 잘 들여다보인다. 고독이 훈련되면 누구와 얘기하면서도 내 속의 고요를 따로 관리할 수 있기 때문에 언제나 차분하고 여유 있는 사람이 된다. 그러니 하루 5분이라도 그 어떤 소음도 없이 자신에게 집중하는 시간을 가져보자.

물어보지 말고
떠나자

살림 걱정하면 못 떠난다

경진 씨는 결혼하고 지금까지 집을 떠나본 적이 없다. 혼자 여행을 하거나, 친구들과 하룻밤 일정으로라도 어디를 다녀온 적이 없다. 기껏해야 일 년에 한두 번 잠깐 친정에 갔다오는 게 집을 떠나본 전부다. 요즘 자신처럼 사는 사람이 있을까 하는 의문이 들지만, 답답해서 남편에게 하소연을 해도 말이 통하지 않으니 포기하고 만다. 하지만 이제는 어떻게든 남편을 설득해서 1박 2일이라도 집을 떠나 혼자 여행을 가려고 마음을 먹고 있다.

아내가 집을 비우는 시간이 잠깐이어도 남편들은 싫어한다.

여자가 혼자 집을 나서면 위험하다는, 말도 안 되는 이유를 대지만 알고 보면 챙겨주는 부인이 사라지면 불편해서 반대하는 경우가 많다. 국내고 해외고 같이 가면 되지 왜 굳이 혼자 가려고 하느냐며 따질 때는 참 난감하다.

요즘 시대에 그런 소리를 하는 사람이 있느냐고 반문하는 사람들도 있겠지만, 어떤 계기가 있지 않으면 살던 방식을 백팔십도 바꾸기란 쉽지 않다. 혼자 집을 훌쩍 떠나 여행을 가거나 지인을 만나러 갈 계획을 세웠다가도 백만 가지 이유를 대며 주저앉는 중년 여성들도 많다.

고민만 하다가 '교통편, 경비, 휴가 내기, 가족들 밥은? 에이, 모르겠다. 다음에 가지 뭐. 지금은 아니야'라고 스스로 정리한 마음속 계획이 얼마나 많을까? 어찌어찌해서 큰맘 먹고 집을 떠났지만 '참 잘했다. 너무 좋다'는 생각도 잠시, 집 걱정에 핸드폰을 손에서 내려놓지 못하는 중년 여성들도 많이 봤다. 그런 사람들은 집을 떠난 지 얼마 안 되어 '이러려면 뭐 하러 혼자 와서' 하고 후회도 한다.

그런데 살림에 대한 걱정 때문에 하루나 이틀 동안의 일탈을 망설일 필요는 없다. 남편이 이유라면 더더욱 문제다. 냉장고에 기본반찬 있겠다, 급하면 배달시켜서 먹으면 되는데 뭐가 걱정인가?

경진 씨는 결국 마음먹은 대로 1박 2일의 여행을 감행했다. 부산이 첫 여행지였는데, 집에서 최대한 먼 곳이라는 점이 이유였다. 벗어나고 싶은 마음이 커서였을까? 집에서 가장 먼 곳을 첫 여행지로 선택했다는 사실에 자신도 놀랐다고 한다.

해운대에 가서 바닷바람 쐬고 야경을 보고, 자갈치시장에 가서 회를 먹고… 가족들과 함께 갔던 여행 코스라도 혼자라면 느낌이 다르다. 카페에 앉아 차 마시고, 어슬렁거리며 사람들을 구경하고… 많은 것을 하지 않아도 즐거우면 그것으로 족하다.

떠나보면 자신을 잃어버린 지점이 찾아진다

사는 건지 살아지는 건지가 구별이 안 갈 때, 자신을 잃어버린 지점을 찾고 싶을 때는 무작정 떠나야 한다. 잠시라도 일상을 벗어나 숨쉴 수 있다면, 그래서 조금이라도 답답한 마음이 풀릴 수 있다면 해봐야 하지 않을까?

어쩌면 살아가면서 마음에 들지 않는 일과 사람들, 자신의 모습조차 싫은 것은 알고 보면 내 마음이 편치 않아 그렇게 느껴지는 경우가 많다. 불평과 불만이 자신의 용기 없음에서 비롯됐고, 삶의 버거움이 누구도 아닌 스스로 만든 비애임을 알게 되는 순간 난감해질지도 모른다.

그러나 처음부터 완벽한 사람은 없으며 완벽할 필요도 없다. 자신에게 후한 점수를 주는 사람들은 자신의 실패에 관대하다. 만약 이제껏 "성공은 못 해도 실패는 안 해. 두고 봐, 나는 한다고!"라며 이를 악물고 살아왔다면, 지금 이 순간부터는 "실패할 수도 있지. 너 자체로 충분해"라고 자신에게 말해주자. 주변 사람에게는 잘하면서 자신에게는 못 해준 따뜻한 말 한마디를 이제는 자신에게 해주자.

다른 사람에게 상처받은 마음을 꼭 그 사람을 통해 치유하지 않아도 된다. 이미 내 곁에 없거나 더 이상 따질 수 없는 이유들은 얼마든지 있다. 혜진 씨가 그랬다. 사람들을 향한 분노를 주체할 수 없었는데, 해안선을 따라 자전거 여행을 하면 나아질 것 같은 예감에 무작정 자전거를 끌고 나갔다고 한다. 그녀는 하루에 한두 시간, 갈 만큼 가고 돌아오기를 반복했다. 그다음에는 차로 이동해서 거기서부터 다시 코스를 달렸다. 자전거 페달을 밟을 때마다 분노가 조금씩 빠져나가는 것 같았고, 분했던 마음이 많이 풀어졌다고 한다. 그녀에게 자전거 타기는 맺힌 분노를 푸는 작업이었고 자신과의 화해였을 것이다.

아무 생각 없이 하는 여행, 맛집을 찾아 떠나는 여행, 박물관 여행 등 무엇이어도 좋다. 이스라엘 성지 순례나 캄보디아 앙코

르와트 사원을 찾을 수도 있다. '결혼 전에는 뭐를 좋아했지?', '학창 시절에는 어디를 갔었지?'를 떠올리다 보면 잊었던 장소, 가고 싶은 곳이 생긴다.

친정엄마와 그동안 갖지 못했던 시간을 보내는 중년의 딸들도 있다. 집 가까운 교외에 펜션을 빌려 엄마와 오붓한 시간을 갖는다. 집이 신경 쓰여 도저히 그렇게 못 하겠다면 낮에 집에 잠깐 들러 저녁거리라도 챙겨놓고 다시 펜션으로 돌아와 엄마와 파전이라도 부쳐 막걸리 한잔을 해도 좋다. '진짜 나'는 떠나봐야 만날 수 있다. 가족도 자녀도 살림도 잠시 놓고 떠나보자.

졸혼
그 이후

나 없이도 그는 잘산다

희정 씨는 결혼 20년차다. 남편은 나이 먹으면 고향으로 내려가 살고 싶어 했다. 남편이 이삼 년 전에 은퇴하고 먼저 고향인 목포에 내려가 터를 잡았다. 작은 통통배를 사서 낚시를 해서 잡은 물고기를 냉동시켜서 부지런히 자식들과 주변 사람들에게 나눠준다. 희정 씨도 남편과 함께 귀향할까 생각해보았으나 서울에 남기로 했다. 이제껏 함께 살면서 살가운 정을 제대로 느껴본 적이 없고, 예민한 남편 때문에 편한 날이 없었다. 딸도 결혼을 했으니 자유를 만끽하고 싶었다. 그렇게 자연스럽게 남편과 '졸혼'이 되었다.

다행히 희정 씨는 독립적인 성격인 데다 혼자 지내는 것도 괜찮아 졸혼 생활을 즐기고 있다.

부부 사이에 큰 문제가 없지만 각자의 라이프스타일을 존중해 따로 사는 졸혼 부부들이 늘고 있다. 법적 결혼을 유지하는 것을 전제로 한 분거 형태라고 볼 수 있다. 2021년 황혼이혼(동거기간 20년 이상)이 전체 이혼의 38.7%를 차지했는데, 10년 전인 2011년(24.8%) 이후 황혼이혼은 계속 급증하고 있다(통계청).

특히 참고 살았던 아내들은 남은 인생만큼은 자신을 위해서 살고 싶어 한다. 참고만 살았던 것이 분해서 이제는 더 이상 자신을 감추면서까지 희생하고 양보하고 싶지 않은 것이다. 영화 〈쥬라기 공원〉에 나오는 목도리도마뱀은 위협을 받으면 목도리 부분을 부풀려 상대방을 위협한다. 목도리도마뱀처럼 아내들은 참고 살다가 마지막으로 화를 한껏 내본다. 늘 그랬듯 남편이 끄떡도 안 하면 그것마저 포기한다. 결점만 찾아내는 것도, 분노의 대상을 남편으로 콕 짚어 퍼붓는 것도 지겨워지면 관심의 대상이 자신에게로 향한다. 하지만 내가 나를 지키지, 누가 지켜주겠는가.

그럼에도 불구하고 이혼을 망설이는 것은 '백 년 해로해야 한다'는 우리나라 고유의 사고방식 때문이다. 집, 학교, 직장, 국적, 외모, 이름은 바꿀 수 있다고 생각한다. 이사도 가고, 학교도 바꾸고, 직장은 평생 최소한 두세 번은 바꾼다. 그러나 요즘은 좀 덜하긴 해도 '결혼 상대는 바꾸면 안 된다'는 통념이 있다. 결혼 기한을 정해보자는 말도 하지만 10년, 20년 정하기가 쉽지 않을 것이다. 그래서 졸혼에 관심을 갖게 되는 것이다.

아침에 일어났는데 엉망진창이 된 자신을 발견할 때 가족이라는 울타리를 박차고 나가고 싶어진다. 부부라는 것이 족쇄가 될 정도로 힘들면 이혼이 답일 수도 있다. 깨끗하게 정리하고 새 삶을 사는 것이 맞다.

그러지 못하는 이유는 많다. 갈등이 있었던 사이라면 '변할 사람도 아니니 내가 조금 더 참자'라는 마음으로 더 살고, 자녀가 한부모 가정에서 자라는 것이 마음에 쓰여 '애들 결혼할 때까지만…' 하는 생각에 참고 살고, '지금까지 참았는데 무슨 덕을 보겠다고'라며 주저앉는다. 절대로 놔주지 않는 남편 때문에 이혼은 생각조차 못 하는 경우도 있다. '저 사람은 나 없이는 못 살 거야'라는 보호본능이 올라오거나, '그래도 착하긴 한데, 내가 어떻게…'라며 이래저래 이혼을 못 한다. 하지만 나 없이도 그는 잘산다. 그러니 자신을 먼저 생각하자.

최소한의 책임만 지면 된다

중년 넘어 나만의 삶을 찾아가는 소극적인 방법이 졸혼이다. 말로 선포하지는 않더라도 암암리에 서로 인정하면 되기 때문이다.

여진 씨는 남편이 부쩍 친밀하게 다가오는 것이 부담스럽다. '젊을 때도 안 하던 짓을 왜?'라는 생각이 들어 피했는데 남편이 더 강요를 해서 힘들다고 한다. 그래서 직장 다니는 결혼한 딸의 살림을 도와준다는 핑계로 주중에는 딸 집에 있다가 주말에 온다. 대신 남편에게 '잠은 따로 잔다'는 약속을 받아냈다. 남편은 거실에 이부자리를 펴고, 안방의 침대는 여진 씨 차지다. 그 외에 남편 식사나 밑반찬은 잘 챙긴다. 남편의 친구나 지인이 온다고 하면 음식 준비를 해놓고 딸의 집으로 간다.

심리적 별거라도 부부의 연을 잇고 사는 것이 끊고 사는 것보다 좋은 점이 더 많기 때문에 택한 방식이니 그것도 좋은 선택이다. 이런 형태는 말만 안 했을 뿐 합의된 졸혼이다. 이 부부는 큰 문제는 없다. 남편이 밥 찾아먹고 설거지 정도는 스스로 하기 때문이다. 졸혼이 스트레스가 되지 않으려면 서로 외로워하지 않고 자신을 다스릴 힘이 있어야 한다.

졸혼을 해도 법적 부부이므로 서로를 간섭하거나 통제하려는 시도가 있을 수 있다. 그것마저 싫어서 졸혼을 부부나 부모로서 책임져야 할 부분까지 회피하는 수단으로 사용하는 사람들도 있다. 정서적 의존성이 높은 사람은 졸혼을 '배우자를 버린다' 혹은 '내가 버림받았다'로 해석해 한쪽 배우자가 졸혼을 원해도 허용하지 않는 일이 많다. 이렇듯 졸혼에 대한 생각은 다양하다. 당신은 어떤가?

'결혼생활을 유지해야 성공한 삶이다' 혹은 '이혼은 절대 안 된다'는 생각이 아직도 우리 사회에 퍼져 있다. 그동안의 결혼생활에 지쳐 졸혼이 간절하지만 아직은 그럴 생각이 없다면 이제라도 각자의 생활을 존중하며 함께 살아가는 방법을 찾아야 할 것이다. 예를 들어 귀가 시간 때문에 싸우지 않기, 시댁이나 처가에 얽매이지 말기, 혼자만의 시간을 허용하기 등 각자의 지친 마음에 휴식기를 줄 수 있어야겠다.

내가 나를
위로한다

가끔은 핫 플레이스에서 만찬을 즐기라

　신사동 가로수길이나 합정동에 가기를 즐긴다는 중년 여성들을 만났다. 그곳에 가는 이유는 젊은 감각을 깨울 수 있기 때문이란다. 그리고 비싼 스테이크로 미각을 황홀하게 하는 것보다 문화를 즐기고 싶은 마음이 커서라고 한다. 그곳에서 보고 듣는 음악, 음식, 옷 스타일, 대화 내용이 익숙하지는 않지만, 그들의 분위기와 공간에서 소외되지 않으면서 느껴지는 이질감이 좋다고 말했다.

　"무슨 소리야, 애들 가는 곳에 뭐 하러 가? 분위기는 무슨."

　"음식의 식감, 아삭거림과 육즙, 구수한 국물이 최고지."

"아니, 난 라면에 김치 얹어 먹으면 딱 좋겠다."

이렇게 말할 수도 있다. 다 좋다. 그리고 다 옳다. 나만의 핫 플레이스는 미각으로 혹은 시각으로, 그것도 아니라면 분위기로 자신의 취향대로 선택하는 것이다.

사람마다 맞는 장소가 있다. 만일 조용한 분위기에서 오는 안락감이 좋다면 그런 곳을 찾아 복잡한 식사 시간을 피해 브레이크타임 바로 직전에 가면 좋다. 조명까지 은은하면 마음이 차분해진다. 피자 한 조각에 와인 한 잔으로 자신에게 집중하는 시간을 가져도 좋다. 장소에 못지않게 시간, 편안한 서빙까지 모든 게 잘 맞아떨어지는 곳도 있다. 자기에게 맞는 장소는 시행착오를 거쳐서 찾아내는 수밖에 없다.

곳곳에 나만의 특별한 장소를 만들어보자. 꼭 차를 가지고 가지 않아도 된다. 전철 노선표를 따라 압구정 로데오 거리로 가서 예쁜 카페나 술집, 식사하기에 좋은 곳에 가끔 가서 쉬면 된다.

나만의 장소는 그 누구의 방해를 받지 않으면서 차 한잔을 놓고도 상념에 빠질 수 있다는 장점이 있다. 그곳에서 그리움을 견디는 것, 고독에 익숙해지는 법을 배울 수 있으면 좋겠다. 가끔은 우울하고 불안한 날, 그래서 농담조차 잊어버리고 멍해질 때 찾아가는 장소가 중년 여성에게는 필요하다.

나만의 안식처 케렌시아

　요즘 나만의 안식처라는 의미로 '케렌시아(Querencia)'라는 말이 유행이다. 많은 시간이 있어야만, 아주 특별한 곳을 찾아야만 케렌시아를 즐길 수 있는 것은 아니다. 우연히 사랑하는 사람과 들렀던 작은 카페, 딸이 엄마에게 맛있는 것을 사준다며 데리고 간 대학가의 패스트푸드점, 휴양지에서 우연히 발견한 맛집처럼 사람들과 함께하면서 좋았던 곳들이 케렌시아다. 아주 생소한 곳에서 모르는 사람들을 만나는 것도 좋지만, 가끔 누군가와 함께했던 장소들을 찾아 혼자 가보는 것도 좋다. 그곳에서 전에 앉았던 자리, 주문했던 음식을 시켜보는 것이다.

　'혼자'는 관계 속에서 더 빛이 나는 말이다. 혼자서도 아름답고 설레는 나만의 추억 만들기를 할 수 있다. 좋아하는 산책 코스를 찾아 걷는 것만으로도 충분히 기분 좋은 기억으로 축적된다. 걷기만 하는 것 같은데, 혼자 걸으면 자신의 내면이 더 잘 보인다. 내면 속 자신과 대화를 하는 시간이 몇 달 혹은 몇 년으로 쌓이면 그 산책로는 자신에겐 특별한 장소가 된다.

　산책이 좋은 점은 계절 속에서 선명하게 자신이 보이기 때문이다. 추운 겨울을 이겨낸 나뭇가지의 새싹과 벚꽃의 꽃망울을 보면 '겨울을 잘 버텼구나, 애썼네' 한마디 건네게 된다. 그리고 그 말이 메아리처럼 자신 안에서 속삭인다. 한숨 돌려 자신을 바라보면 먹먹한 마음으로 살아왔음을, 절대적인 고통은 없었지만 위로가 필요했음을 알게 된다. 그럴 땐 서슴없이 위로의 한마디를 자신에게 건네자.

'그동안 잘 버텨왔어. 지금처럼만 살면 돼.'

'이제 더 이상 설렐 일도 없을 거야.'

'그래도 괜찮지?'

'물론이지.'

혼밥, 혼술을
하자

중년은 왜 안 되나요?

요즘은 음식점에서 혼자 밥을 먹거나 술집에서 혼자 술을 마시는 것이 흔한 일이 되었다. 여행도 혼자 다니는 사람이 많다. 하지만 중년 여성이 그렇게 하면 "혼밥은 되지만 혼술은 안 돼요"라고 충고하거나, "혼자 여행 온 거예요?"라며 사연이 있는 여자로 보거나 큰 일탈이라도 한 듯 의심스러운 질문과 눈총을 준다.

반면, 이삼십 대가 혼자 뭔가를 하면 자기만의 세계가 있다며 쉽게 이해해주는 분위기이다. "싱글일 때 자유를 만끽해야지", "직장생활도 힘들 테니 지친 마음 풀기에 혼자 하는 여행이

최고지", "혼자 밥해먹는 게 뭐가 이상해?"라고 한다.

1인 가구는 2021년 기준 716만 6천가구로 전체 가구의 33.4%에 달한다. 그리고 이 후, 2050년에는 39.6%에 이를 것으로 전망한다(통계청). 1인 가구가 증가하면서 혼자 밥이나 술을 먹고, 혼자 영화를 보거나 여행하는 것이 자연스러워지고 있다. 때로는 약속을 정하고 만나 상대를 살피는 것조차 버거울 때가 있다. 그러느니 스스로를 위로하고 힘을 실어주는 시간은 소중하다.

초혼 연령이 늦어지고 분가해서 사는 싱글이 많아지건만, 그 싱글이 나이가 많으면 주변의 참견이 여전히 많다. "결혼해야지", "애는 언제 낳아?", "여행 같이 갈 사람이 없는 게 문제겠네"라고 말들을 한다. 그렇다 해도 혼자여서 좋은 점은 좋은 사람 만나면 거리낌 없이 친구가 되어 밥이든 술이든 함께할 수 있다는 것이다.

연남동, 홍대 근처나 이태원에 가면 혼밥, 혼술 집이 많다. 하지만 중년은 한두 명일 뿐 대부분 젊은층이다. 그래서 쓱 들어갔다가도 머쓱해서 빨리 먹고 나와야 되나 어쩌나 주변을 살피게 된다. 중년 여성들은 남편의 눈치까지 살핀다.

"아내는 혼자 카페에 가는 것을 그렇게 좋아해요."

남자의 말투에 불만이 서려 있다. 이해를 못 하는 것이 의아

했지만, 그 말엔 아내가 옆에 없어서 불편하다는 심리가 깔려 있다. 뭘 먹을지, 어디를 가야 할지 등 사소한 시중까지 다 들어주는 아내가 없다는 것은 상상을 못 하겠다는 중년의 남자들이 아직은 많다.

혼자 하는 아이템이 필요하다

백화점 푸드 코드, 혼자 먹을 수 있는 샤브샤브집, 고깃집이 많이 생겨나며 혼술, 혼밥이 트렌드가 되고 있다. 우리도 그렇게 해보자. 남편이 뭐라 불평해도, 꼭 와인 바가 아니더라도 피자에 와인 한잔 놓고 "너무 애쓰지 마. 조바심 버리고 지금만큼만 살면 돼"라고 스스로에게 말을 걸어보자.

두려움은 밖이 아니라 안에서 일어난다. 돈으로 환산할 수 없는 시간과 존재로서의 자신을 찾아가면 된다. 중년 여성들이 저녁에 나가는 것을 꺼리는 이유는 가족들이 혼자 밥 먹는 것이 신경 쓰여서다. 저녁 다 지어놓고 가족을 기다리다 지쳐서 혼밥 하는 자신은 괜찮다고 생각하면서.

"집 지키는 사람도 아니고, 갇혀 있는 느낌이 들고 답답할 때가 있어요."

그렇게 말하면서도, 나가서 즐기고 오라고 시간을 줘도 못 나가니 우습다. 누군가를 챙기는 것이 익숙하기 때문이지만, 이제 자신을 위한 시간을 가져볼 때도 되었다. 혼술, 혼밥에서 영화를 혼자 보는 혼영의 시대를 비관적으로 말하는 사람들도 있지만, 우리 중년 여성들에게는 꼭 필요한 시간이다. 그동안 혼자 있을 시간이 없었기 때문이다.

요즘 혼영족을 위해 라운지에 1인용 간식 세트까지 챙겨놓는 영화관이 생겨나고 있다. 혼영족의 비율도 두 자릿수 대로 급증하고 있다. 시간만 낼 수 있으면 연극, 음악회는 낮 시간대에 할인율이 높아 마음만 먹으면 자기만의 시간을 즐길 수 있다. 미술관은 무료이면서도 좋은 전시들이 많다. 이곳저곳을 다녀보면 자신에게 맞는 장소를 찾을 수 있다.

혼자 하는 것을 두려워할 필요는 없다. 남들은 당신이 혼자 온 것에, 혼자 하는 것에 별 관심이 없다. 혼자 좋은 곳에 가서 분위기에 젖어보고, 맛집에 가서 원하는 음식을 원하는 만큼 먹어볼 수도 있다. 가족 외식에 동창 모임까지, 집단문화에 피로해진 사람들이 개인주의를 추구하는 것은 자연스러운 일이다. 다른 사람을 신경 쓰지 않고 자신이 좋아하는 메뉴를 고르고, 자신이 하고 싶은 것을 해보자. 같이 할 사람이 없어서 못 한다는 말, 가족들 때문에 안 된다는 말은 이제 그만 하자.

내 감정 치유하기

셀프 칭찬 일기

　　마흔 살 이후로 '혼자'라서 못 했던 것보다 '함께'라서 못 했던 것들이 많을 것이다. 혼자 하는 것에 용기를 내고 점점 혼자 하는 것을 늘려가려면 '칭찬 일기'를 써보자. 내용은 구체적으로 쓰되, 혼자이기 때문에 소홀할 수 있는 것들이나 함께가 아니면 못 했던 어떤 것이든 쓸 수 있다. 글로 쓰든 그림을 그리든 형식은 자유다.

　　– 쇼핑을 꼭 누구와 함께 갔는데, 이번에는 혼자 갔다.

　　– 게으름을 피우지 않고 산책했다.

　　– 영양가 있는 음식을 챙겨 먹었다.

'혼자라도 괜찮아' 목록 만들기

혼자라서 못 했다고 핑계대지 말고, 아주 가까운 곳에서부터 혼자 즐길 수 있는 아이템을 찾아보자. 꼭 먼 곳이 아니어도 된다. 가까운 곳을 여행하거나, 살림하느라 잊었던 학창 시절로 돌아가 책을 읽으며 오롯이 자신만의 시간을 갖는 것도 좋다.

  – 지하철 노선표를 따라 여행 가기
  – 집에서 가까운 명소 탐방하기
  – 젊은이들 거리 가보기(가로수길, 합정동, 상수동 등)
  – 전집 읽기(토지 전집, 루쉰 전집, 김수영 전집 등)

감정치유를
돕는 명언

피곤한 상태에서는 평소 사소하게 치부했던 것도 유난히 큰
문제로 다가온다. 본래의 자신을 회복하기까지 안전한 공간
에서 느긋이 휴식을 취하는 것이 최선의 방책이다. _니체

명언 그대로 필사하기

_____

_____

나의 말로 바꿔쓰기

_____

_____

행동 변화 시도하기

쉬고 싶을 때, 마음의 안정을 되찾을 수 있는 나만의 시크릿 공간은
어디인가?

당신은 지금도 앞으로도
안녕할 자격이 충분하다

5장
나의 관계망 정비하기

나를 고생시킨 것은
타인의 시선

민영 씨   아침에 정신이 번쩍 들었어요. 진짜 저를 고생시킨 게 타인의 시선이에요.

상담자   타인의 시선이라면 어떤 것일까요?

민영 씨   제가 집안에 무슨 일이 생기면 혼자 다 걸머지려는 게 있어요.

상담자   지난 주에 무슨 일이 있었는지요?

민영 씨   아들이 폐렴이 와서 응급실 다녀오고, 퇴근하자마자 주말부터 병수발을 들었어요.

상담자   놀라셨겠어요. 아이는 좀 괜찮은지요?

민영 씨   네, 다행히 며칠 입원하고 회복이 되었어요. 그런데 그 사이 친정엄마의 혈당수치가 올라간 거예요. 치매증상도 부쩍 심해져 걱정이 많았어요.

상담자   힘드셨겠어요.

민영 씨	네, 남편이 어머니 주간센터 보내고 픽업하고 힘들었는지 자꾸 전화하고, 정신이 없었어요. 요즘 엄마가 당이 높으니 고기 빼고 해산물, 채소 위주로 반찬 해주고 싱겁게 간을 해야 하는데… 마음이 마음이 아니었어요.
상담자	그럴 때 느끼는 감정은 무엇일까요?
민영 씨	속상하고, 내 애 챙기겠다고 엄마를 방치했나 싶기도 하고 힘들었어요. 죄책감이 막 올라왔어요.
상담자	죄책감은 '더 잘해야 한다'는 마음에서 많이 옵니다.
민영 씨	생각해보면 제가 다 하고 있어요. 동생은 결혼해서 남편 직장 때문에 외국 가서 살고, 남동생이 있긴 한데, 거기도 애가 둘이라 올케도 힘들고….
상담자	민영 씨도 힘들 텐데 다른 사람을 먼저 이해하려는 느낌이 드네요.
민영 씨	바람직함이랄까요. 그게 많아요, 제가… 다들 살기 힘든데 차라리 내가 힘든 게 마음이 편해요.
상담자	지칠 때는 없나요?
민영 씨	이번에 저도 일주일 정도 앓아누웠어요. 몸이 아픈데, 서럽고 마음까지 아프더라구요.
상담자	서러움이 올라왔군요. 몸과 마음은 연결되어있으니까요. 이제 좀 자신을 돌보라는 얘기가 아닐까요?

민영 씨 어릴 때부터 마음 고생을 많이 했어요. 엄마, 아빠 눈치
도 많이 보고, 뭐라고 하는 건 아닌데… 말썽 한번 안부
리고 컸으니까요. 스스로 하는 아이 있잖아요. 동생들
도 돌보고.

상담자 지금은 성인이잖아요. 결혼해서 아이도 벌써 중학생이
되었는데, 아직도 그런 마음이 있으신가요?

민영 씨 제가 어릴 때는 좋은 딸이고 싶었는데, 지금은 좋은 엄
마이고 싶은 거예요.

상담자 이미 좋은 딸이고, 좋은 엄마이지 않나요? 그리고 꼭 좋
은 사람이 되어야 하나요?

민영 씨 꼭 그런 것은 아닌데요. SNS에 지인이 영양가 있는 음
식 만들어 식구들 챙기는 사진이 올라오면, 그날은 밤
잠을 안 자고라도 꼭 음식을 만들어요. 전복구이, 나물
비빔밥, 계란말이, 장어덮밥까지 한상 차려줬어요. 아
들 병원에 있는 동안 곯았을 남편, 엄마 챙기느라 허리
를 못 폈네요.

상담자 언제 쉬세요? 회사도 다니시는데.

민영 씨 제 말이요. '난 언제 쉬니? 난 언제 쉬니? 빡센 주말.'
이런 말이 절로 나와요. 내가 불쌍하기도 한데요. 쉽게
잘 벗어나 지지 않아요.

민영 씨 엄마 모시는 것도 비슷한 맥락 같은데요.

이번에 여동생이 한국에 들어와 일주일 정도 집에 있다 갔어요. 내가 동생에게 엄마 때문에 힘들었다고 얘기했거든요. 치매증상도 있고 힘들다고… 더 나빠지면 요양소도 가셔야 할 텐데 걱정이라고 말했거든요.

상담자 그랬더니요. 동생은 뭐라 하던가요?

민영 씨 뭐 엄마 정도면 양호하다고, 아직 요양소 가실 단계는 아니라는 거예요. 좀 섭섭했어요. 엄마가 항상 좋은 상태는 아니거든요. 그냥 '언니 힘들었지?' 그 말 한마디 못 해주나 싶더라구요. 동생 보내고 나니 뒤늦게 화가 나는 거예요. 너는 뭐 하나라도 하는 게 있냐며… 말하고 싶었어요.

상담자 그러셨을 것 같네요. 섭섭하다고 지금이라도 표현해보면 어떨까요? 역할극(role play)이라고 하는데요. 동생이 있다 생각하고 한번 이야기 해보세요.

민영 씨 나 좀 섭섭했어. 너나 남동생에게 내가 뭐 해달라고 했니? 그냥 애쓴다는 말, 힘들다는 말 한마디면 되는데 그게 뭐가 그리 힘들어?(눈물을 내비침)

상담자 (role play에서 동생 역할을 해줌) '언니가 말을 안 하니 몰랐지? 언니가 그냥 지나가는 말로 늘 괜찮다고 하니까….'

지금 마음은 어떠세요?

민영 씨   다는 아니지만 조금 마음이 풀리네요. 제가 늘 그랬던 거 같아요. 꼭 인정받으려고 하는 것은 아닌데, 나도 모르게 의식했던 것 같아요. 좋은 사람이라는 말이 듣고 싶어서 나를 고생시킨 거죠.

상담자   다른 사람들이 알아주는 것은 그때뿐이에요. 내가 나를 알아주면 어떨까요?

민영 씨   내가 나를 어떻게 알아주죠? 그런 것을 해보지 않아 막막해요.

상담자   우선 마음을 알아주는 거죠. 내 마음을 안다는 것은 내 감정을 들여다보는 거예요. 감정을 오랫동안 억압해온 사람들은 전전두엽과 편두엽의 발달이 저조해요. 그러면 감정조절이나 통제에서 문제가 발생할 수 있어요. 갑자기 충동적으로 화를 낸다든지….

민영 씨   제가 자주는 아닌데, 1년에 한두 번은 크게 화를 내요. 가족들이 다 놀랄 정도로요. 아들이 나를 닮아 그런지 화가 많아요. 저는 자라면서 화려하게 뽐내고 싶었어요. 하지만 멍하니 외로워할 때가 많았어요. 끊임없이 소통하고자 발버둥치는데 정서적으로는 단절되어 있었던 것 같아요.

상담자   언제부터였을까요?

민영 씨	스무 살이 됐을 때쯤 엄마가 이런 말을 했어요. '네가 자라면서 예쁨 받으려고 애쓰는 것이 가끔 안쓰러웠어. 엄마는 네가 자랑스럽고 충분했는데….'
상담자	그 말이 지금 삶과 연관이 있을까요?
민영 씨	착한 딸 같은 건 이미 포기해버린지 오래라 가물가물해요. 그런데 왜 내가 지금도 이러고 있는 걸까요? 누가 내게 좀 소홀하거나 관심이 없으면 불안해져요. 멀리 도망갈 것 같고요. 남편에게도 가끔 그런 질문을 해요. 사랑하는 거 맞냐고요.
상담자	사랑을 받으려고 애쓰다 보면 자기도 모르게 심리적 가면을 쓰게 되지 않나요?
민영 씨	제가 나이를 먹었지만 지금도 예쁜 척을 해요. 괜찮은 척도 많이 해요. 가끔 내가 미친 것 같아요. 가장 속상한 것은 마음이 힘들거나 슬퍼도 막 웃는 거예요.
상담자	그걸 알면서 멈추지 못하는 것은 무엇일까요?
민영 씨	습관이겠죠. 엄마 모시는 것만 해도 그래요. 남동생이나 여동생 모두 저보다 잘 살아요. 이런 저런 형편상 엄마를 내가 모시는 건데, 엄마 병원비나 생활비를 내가 2배는 더 들거든요… (잠시 생각하다가) 그래도 뭐, 동생들이라도 편하게 살았으면 좋겠어요.

상담자	민영 씨가 힘든 것은 어떻게 하나요?
민영 씨	길 가다 유모차를 끌고 가며 웃는 젊은 부부들이나 데이트하는 커플들을 보면 그들이 행복해 보여요. 부럽기도 하구요. 여유도 있고. 나는 정말 여유가 없었거든요. 시간도 돈도 힘든 시기를 겪었어요. 그런데 내가 치열하게 살아온 시기를 누군가는 편안하게 지내는구나! 누군가 행복하면 되지 뭐. 이런 묘한 생각이 드는 거예요. 자포자기일까요? 나이 들어가나 봐요.
상담자	겉으로 여유 있어 보여도 그들의 속사정은 모르죠. 하지만 '누군가의 행복은 나의 행복이기도 하다.'는 말은 와닿네요. 내가 모든 것을 다 가져야만 행복한 것은 아니니까요.
민영 씨	그런 거 같아요. 선생님 제가 살면서 외로움을 없애보려고 안간힘을 썼거든요. 사랑을 갈구했지만 그때마다 어그러졌어요. 결혼을 하고 아이도 낳고 했지만, 살기 바빴으니까요. 지금처럼 상담을 받거나 마음까지 챙길 틈이 없었어요. 억울해요.(눈물을 훔친다)
상담자	채워지지 않는 마음 때문에 외롭고, 힘드셨을 거 같아요. 그렇다면 그렇게 애쓰면서 터득한 것이 있을까요?

민영 씨	나 빼고 모든 사람들은 행복할 거라는 생각… 나 빼고 모두 사랑을 독차지하며 살 거라는 생각… 그런 것은 없는 거죠? 선생님. 그런데 저는 그걸 바래왔던 것 같아요.
상담자	완벽을 추구하는 사람들의 특징이기도 하죠. 행복도 사랑도 내가 원하는 대로 완벽하게 굴러가야 한다는 생각이요.
민영 씨	제가 완벽주의가 심해요. 집안일, 아이 키우는 것뿐만 아니라, 남편과도 교감해야 하고… 그래서 일주일에 한 번은 꼭 데이트를 해요. 남편 회사 근처에 가서요. '우리 부부 사이가 좋다'라는 것을 누군가에게 보여주고 싶은 거예요. 누가 보는 사람도 없는데, 누군가 지켜보는 것 마냥.
상담자	그러면 피곤해서 어떻게 살아요. 잣대가 타인에게 있는 거잖아요.
민영 씨	저는 애기 때도 순둥순둥 해서 순둥이라고 불렀대요. 동네사람들이 효녀 났다고 했다나 봐요. 이제는 남편 눈치, 아이 눈치, 치매에 당뇨까지 앓는 엄마 눈치까지 저는 정말 왜 이럴까요? 조금만 소홀하면 자책하고, 미안하다는 말을 달고 살고.
상담자	아까도 말씀드렸듯이 스스로를 자책하는 생각이 들 때는 '완벽하지 않아도 된다!'라고 스스로에게 말해주세요. 가족을 보살피는 것은 중요하지만 혼자 모두 감당하는 것도 일종의

'책임강박'입니다. 확인강박, 청결강박, 냄새강박처럼 책임강박도 심하면 일종의 불안장애입니다. 책임감이 과도하면 불안은 더욱 상승합니다.

민영 씨 에휴, 나를 지키기 위해서라도 책임감을 조금 내려놓아야겠어요. 나도 모르게 '완벽해!', '좋았어!' 이런 말을 아들이나 주변사람들에게 많이 써요.

상담자 완벽한 것은 없어요. 오히려 조금 실수하는 사람이 건강하지요. 최소한 자신을 몰아붙이지는 않거든요.

민영 씨 그래서 제가 곱씹고 후회하는 일이 많았던 거 같아요. 엄마 모시는 것도 형제들과 의논해 보려고요. 많이 지쳤거든요. 집안일도 적당히 하라고 남편이 맨날 하는 말이에요. 그러고 나면 아프니까요.

상담자 그렇습니다. 회복은 지친 마음을 인정하는 것에서 시작합니다. 일의 분담에 대해서도 가족들과 의논해보시면 좋을 듯해요.

무엇보다 스스로에게 "충분해!, 이 정도면 됐어!" 이 말을 자주 해주었으면 좋겠습니다.

당신이
더 불쌍하다

힘든 건 당신이다

"딸도 대학 가서 기숙사에 들어가고, 시부모 모시고 살다 이제 겨우 분가해 한숨을 돌리고 보니 살아온 세월이 헛헛해요. 간섭이 많고 융통성 없는 남편과 덩그러니 둘이 남았는데, 앞으로 이 남자와 어떻게 살아갈지 막막하네요."

정숙 씨는 이대로는 못 살 것 같다며 절박한 심정으로 나를 찾아왔다. 가까운 줄 알았는데 나를 몰라주고, 몇 십 년 이어진 인연의 끈이 너덜너덜해진 것 같을 때의 허망함을 어떻게 표현할 수 있을까? 정서적 친밀감까지는 바라지 않는다고 했다. 거리낌 없이 웃고 대화하며 살고 싶은데 남편과는 그 소박한 꿈마저 이룰 수 없을 것 같아 끈을 놓아버리고 싶은 것이다.

아직 남은 시간이 많아도 중간 지점에서 자신의 삶을 되돌아보려는 시도들을 해야 한다. 가족끼리 복작대던 시기에는 정신이 없어 자신을 돌아볼 틈이 없다. 하지만 숨을 돌리고 나면 자신의 존재는 무엇이었나 하는 허탈감을 느끼게 된다.

정숙 씨 역시 그랬다. 참는 것은 누구보다 잘했지만 이제는 더 이상 참기가 힘들다. 꼼꼼하지만 잔소리가 많은 남편, 그에 비해 조용한 그녀는 늘 남편에게 맞추며 참기만 해온 것이 분명했다.

정숙 씨의 남편은 휴일이면 벌러덩 누워 TV를 봤다. 술도 담배도 하지 않지만, 집 안은 살뜰하게 가꾼다. 화분을 옮기고 베란다 청소에 물걸레 청소까지 집 안을 반들거리게 하는 것이 그의 취미이다. 하지만 남편의 청소벽은 심할 정도다. 걸레질을 세 번은 해야 청소가 끝나고, 외출이라도 하고 돌아오는 날이면 가구의 위치가 바뀌어 있다. 화분 분갈이를 한다고 베란다는 흙투성이일 때가 많다. 마음대로 안 되는 날엔 구시렁대고, 옆에서 시중을 들고 있어도 잔소리가 많다.

식사 시간에는 기분 좋게 밥을 먹으면 좋으련만, 평소에 쌓아두었던 불만들을 끄집어낸다. 말이 안 통한다며 기숙사에 있는 아들을 갑자기 호출하거나, 시어머니를 집에 모셔오자고 한다. 가시방석이 따로 없다.

친구 같은 남편은 처음부터 존재하지 않았으니 새삼스러울 것도 없다. 하지만 힘든 것은 힘든 것이다. 분가하며 시부모 봉양이 끝나니 남편 시집살이가 더했다. 정숙 씨는 자녀 키우며 시간 가는 줄 몰랐다. 식당일을 하며 척추가 휘고 팔의 관절에 탈이 나자 몸도 마음도 지탱하기 힘들어져 마지막 선택을 하고자 나를 찾아온 것이었다.

"남편이 고지식해서 아들도 시부모님도 힘들어해요. 외로우니 자꾸 나를 괴롭히는데, 그 사람도 불쌍하죠."

그녀의 맺힌 이야기는 끊일 줄 몰랐다.

"힘든 건 당신이에요."

나의 이 말 한마디에 정숙 씨의 눈에선 눈물이 쉬지 않고 흘렀다. 가족을 위해 희생한 것을 아무것도 아니라고 취급할 수는 없다. 하지만 그것으로 위안을 삼기에 많이 지쳐 있다면 자신을 돌봐줘야 할 때이다.

남편이 아닌 친구로 대하자

앞에 닥친 일을 해결하기에 급급했고 주변의 상황이 부부를 힘들게 했다고 이유를 달지만, 갈등의 실체가 그 누구도 아닌 바로 부부였다는 사실을 깨닫는 순간 상실감은 커진다. 정숙 씨는 독불장군인 남편만 변하면 될 것 같다고 생각했지만, 정작 남편의 한마디에 상처받는 자신은 보지 못했다. 어릴 적 부모가 싸우는 것을 보고 자란 남편은 열세에 몰린 엄마의 보호자로 살아왔다. 어른스럽게 대처해야 했고, 어리광 한번 못 부리고 항상 어른스럽게 행동하며 자란 남편은 해맑은 아내가 자신 안의 어두움을 몰아내줄 것으로 기대했다. 정숙 씨 역시 남편에게 의지하면 세상 두려움은 없을 것으로 알았다.

이 부부는 각자 부모에게서 채워지지 않은 욕망을 상대방을 통해 채우려 했던 것이다. 서로에게 속았다고 원망할 수는 있지만, 앞으로 어떤 길을 선택하느냐는 두 사람에게 달려 있다.

약해지는 마음만큼이나 몸이 늙어가는 것도 정숙 씨가 힘든 이유다. 꿈을 꿀 수 있는 마지막 기회라는 절박감 때문에도 서러운데, 이전의 '괜찮은 나'까지 어디론가 사라져버렸다고 생각하니 이 모든 원인이 냉대하는 남편 때문인 것 같아 더 미운 것이다.

우리는 누군가에게 특별한 존재이기를 바라지만 그 꿈은 늘 깨진다. 희망을 품을 때가 행복하지, 막상 꿈이 이루어지면 그 꿈은 지극히 평범해진다. 더구나 요즘처럼 복잡한 세상에서는 타인의 감정을 살피기엔 살기 바쁘고, 상대도 애쓴다고 하지만 그 마음이 내게 전달되기까지 걸리는 시간은 길기만 하다.

속박은 알고 보면 자신이 만든다. 여전히 자신을 지배하는 남편을 무시하지 못하는 정숙 씨가 그렇듯, 정서적인 분리와 거절의 두려움을 이겨내지 못하는 자신을 놓쳐서는 안 된다. 경제적 의존 때문에 싫어도 비위를 맞춘다는 식으로 스스로를 비참하게 만들 필요도 없다. 할 수 있을 만큼만 맞추며 살면 된다. 무엇보다 행위의 주인은 자기 자신이기 때문이다.

'남편이 아닌 친구로서 배려한다'는 생각으로 산다면 부담은 덜어진다. 가족이라서 너무 애쓰다 지치는 것이다. 결혼이 행복을 보장하는 것이 아니듯 참아가며 배려하고 애쓰는 것도 마찬가지로 행복을 보장하지 못한다.

희생과 보람 때문에 인생을 망쳤다고 변명하지 말자. 도저히 견딜 수 없다면 이제 그만해도 된다. 고독을 느껴도 되고, 슬프면 울어도 되고, 더 이상 보기 싫으면 관계를 끊어도 된다. 그래도 아직 떠나고 싶지 않다면 좀 더 기다려보자. 관두고 싶을 때가 오면 그때 다시 생각하자.

가장 좋은 해결책은 남에게 향했던 마음 중 일부라도 자신에게 주는 것이다.

트집을 잡는다고
이별이 늦춰지나

아들의 여자를 질투하지 말라

　지현 씨는 식당일을 하며 애지중지 아들 셋을 키웠다. 남부
럽지 않게 과외를 시켰고, 한 아들은 유학을 보냈다.

　요즘 지현 씨는 친구들로부터 자녀 결혼식 청첩장을 받고,
친구들에게서 자녀 혼담 이야기를 자주 듣는다. 그럴 때마다
'내 아들들도 어서 결혼시켜야지' 하고 마음먹지만 막상 아들들
이 여자 친구를 데리고 오면 영 마음에 들지 않아 트집을 잡게
된다. 남편은 "엄마가 아들들 앞길을 막는다"며 뭐라고 한다. 바
깥일에 바빴던 남편 대신 세 아들을 의지하고 살아서인지 아들
들과 딱 맞는 짝이 아니면 억지로 결혼시켜서는 안 된다는 생

각이 강하다. 그런 엄마의 마음을 알면서도 아들들은 주말이면 각자 방에 틀어박혀서 배달음식을 시켜 먹는다. 서운하고 속이 상하고 어찌해야 할지 모르겠다.

지현 씨와 얘기를 나누다 보니 아들들을 떠나보내지 못하는 엄마의 심정이 고스란히 드러났다. 아들들이 여자 친구를 데리고 올 때는 아무렇지 않은데, 결혼 대상을 데리고 오면 아들들을 빼앗기는 것 같아 트집을 잡게 된다고 했다. 맏아들은 유학까지 보내며 정성을 들인 게 아깝고, 둘째 아들은 엄마의 식당 일을 도맡아 해주니 없어서는 안 되고, 막내는 엄마를 위로해주는 잔정이 있어 예쁘다. 그래서 "키가 너무 작네", "집안이 마음에 안 들어", "종교가 달라서 안 돼"라고 계속 트집을 잡았다는 것이다. 그런 일이 반복되니 이제는 아들들이 여자 친구를 데리고 오지 않는다고 했다. 이러다간 세 아들을 결혼도 못 시키고 끼고 살아야 하는 것은 아닌지 걱정을 하고 있다.

일부러 아들들의 앞길을 막거나 자기 소유물이라고 생각하는 엄마는 없다. 더구나 요즘 엄마들은 든든한 아들이라도 같이 사는 것을 바라지 않는다. 아들이 여자 친구가 처음 생겨 데이트를 하다 늦게 들어오거나 외박이 잦아지면 아이가 생기는 건 아닌가 걱정이고, 헤어지고 나서 이불을 뒤집어쓰고 우는 모습을 보면 같이 괴로운 게 엄마다. 그런 일을 한두 번 겪고 나면

"아, 별거 아니구나" 하고 적응이 된다. 직장이나 잘 다니면 다행이다 싶고, 어려운 살림에 갑자기 큰돈이나 내놓으라 안 하고 적어도 자기 밥벌이를 하면 그처럼 고마운 게 없다. 적당한 때에 결혼해서 가까이 살면서 보고 싶을 때 가끔 보는 정도면 만족한다.

요즘처럼 자녀들이 대학이나 직장 때문에 일찍 독립해서 살다가 자연스럽게 결혼을 하면 적응 과정이 있어서 자녀의 여자 친구를 받아들이는 것이 훨씬 수월하다. 하지만 남편 없이 아이들을 키웠거나, 지현 씨처럼 남편 대신 아들에게 의지하며 살아온 엄마들은 아들을 떠나보내는 것을 힘들어한다. 그런 경우 유치한 줄 알면서 며느리를 라이벌로 생각하기 쉽다.

작고 귀엽기만 하던 아들이 엄마와 사사건건 부딪쳤던 사춘기를 지내고 어느덧 어른이 돼 직장생활을 하고 있다면 이제는 서서히 이별할 마음의 준비를 해야 한다.

때가 되면 떠난다는 것을 인정하자

그렇다고 아들을 놓아주기 싫어하는 자신을 탓할 필요는 없다. 나름 '아들이 행복하면 그만이지' 하는 마음만큼은 스스로 인정하자. 하지만 아들을 떠나보내는 아쉬움을 혼수나 다른 것으로 대체하려고 해서는 안 된다.

때가 되면 떠난다는 것을 인정하자. 어제의 내가 오늘의 내가 아니며, 내일 또 어떤 모습이 될지 모른다. 내 인생도 어떻게 못 하는데, 자녀의 인생까지 통제하려는 생각은 버려야 한다. 아직도 자녀에게 서운한 것이 많고 사소한 일에도 감정이 요동친다면 감정적으로 분리가 안 되었다는 증거다. 자녀가 독립해 가는 과정을 지켜봐주고 어떻게 살림살이를 시작할지에 대해 조언은 해줄 수 있지만, 자녀가 원하는 가정은 스스로 설계하도록 두자. 귀할수록 조금 냉정할 만큼 거리를 유지해야 오래오래 좋은 관계로 지낼 수 있다. 아들의 마음을 상하게 하면서까지 붙들고 있지 말고 조금만 아파하고 보내주면 좋겠다. 내 아들 때문에 사랑하는 다른 집 딸의 눈에 눈물 고이게 하지 말고.

자녀가 빨리 독립하게 하려면 대신 해주는 것을 줄이고, 자리를 조금씩 비켜주자. 보고 싶을 때 가끔 보면 좋고, 그것도 안 되면 화상통화를 할 수 있으니 얼마나 좋은 세상인가? 그래도 아쉬우면 외국에 보냈거니 생각하면 된다.

딸들이 떠날 때도 아들 못지않게 서운하다. 요즘은 결혼해도 딸과의 왕래가 잦고, 아예 사위를 처가에 들이는 경우도 많아지고 있다. 딸과 친한 듯해도 대화가 많지 않아 어색하고 서먹한 사이라면 엄마는 딸이 품을 떠나기 전에 더 잘해주고 싶어진다. 또는 딸이 너무 일찍 어른이 돼 자기가 알아서 한다며 엄마에게 도움을 요청하지 않으면 거리감이 느껴져 서운하다. 제대로 품어주지도 못했는데 떠나가는 것 같아 미안하고 마음이 휑해진다.

'섭섭병'이라는 말이 있다. 기대하는 것만큼 안 채워져서, 그리고 누군가 내 감정을 위로해주지 않으면 안 된다고 생각해서 생기는 병이다. 하지만 내 감정을 나만큼 잘 아는 사람이 없고, 그것을 채우는 것 역시 자신이 가장 잘한다. 남편보다 자녀에게 더 의지했다면 빈둥지증후군은 더 크게 다가온다. 자녀가 성인이 되면 서서히 홀로 서기를 준비하듯 부모 역시 자녀에게서 독립할 준비를 해야 한다. 간섭을 줄이고, 자녀가 스스로 걸어갈 수 있게끔 약간의 도움만 주면 된다.

이제, 단추를
한두 개 풀어도 된다

에로틱이라는 말, 오랫만이다

정미 씨는 남편과 잠자리를 안 한 지 6개월이 넘었다. 형식
적으로 하거나 남편만 만족하면 끝내버려서 점점 잠자리를 피
하게 된다. 편하다 싶으면서 살도 맞대지 않고 사는데 부부가
맞나 싶기도 하다. 에로틱한 상황은 둘째치고, 부드럽고 따뜻한
느낌만 있어도 좋겠다.

서로를 봐도 무덤덤해진 부부가 광고에 등장한 적이 있다.
키스를 하려는 부인에게 남편은 머쓱해하며 한마디 한다. "가족
끼리 왜 이래?" 부인 역시 "그러게" 하며 피식 웃는 장면이 기억
난다. 부부가 열정을 회복하기 위해 색다른 곳에 가거나 멀리

여행을 가면 긴장이 풀리면서 낭만이 살아나기도 한다. 권태를 극복하는 데 새로운 자극이 좋다는 것은 누구나 다 안다. 예상하지 못한 자극, 절정의 순간에 잠깐의 지연과 강약 조절 등으로 서로의 욕구를 채워줄 수 있다.

보통 남자들이 전희의 시간을 충분히 갖지 않고 인터코스로 가려는 경향이 있다. 그러면 여자들은 불만이 생긴다. 에로티즘의 고전적인 영화 〈나인하프위크〉(1986)에서 연인(미키 루크, 킴 베이싱어 분)은 다양하고 새로운 전희를 즐긴다. 때로는 피망이나 젤리, 계란, 우유, 꿀 같은 음식까지도 에로틱한 분위기를 만드는 도구가 된다. 에로티시즘이 아름다우려면 허용범위를 합의해야 하고, 성의 은밀한 부분을 숨기지 말고 서로 대화로 풀어나가야 한다.

강렬함보다 은은하게 시작하는 게 좋다. 손등을 쓰다듬거나 촉촉한 눈빛을 주고받는 것만으로도 에로틱한 분위기를 만들 수 있다. 무엇보다 팜므파탈의 매력은 고정관념을 벗어나는 것이다. 벗은 몸, 섹스하고 싶은 마음, 오르가슴 때 몸의 반응을 부끄러워하지 않는 것이다. 가끔 다양한 체위와 애무 방법, 장소의 변화 등 낯선 경험은 성욕을 증가시킨다.

말 한마디로도 사라져가는 열정을 되살릴 수 있다.

"당신과의 첫 키스를 생각하면 지금도 다리가 후들거려요."

"난 당신밖에 없어요."
이런 낯 간지러운 말도 해보자.

내 몸의 긴장부터 풀자

키스를 하면서 혀의 놀림이나 기교보다 사람을 더 흥분시키는 것은 안쓰러워하는 마음으로 보듬을 때다. 얼굴을 부드럽게 만져주고 등을 토닥여주는 것이 어떻게 기교만으로 되겠는가? 위로받는 마음이 강인한 흡입력이 되어 서로를 끌어당긴다.

"괜찮아, 다 잘될 거야" 이런 말 한마디가 애무를 할 때도 좋다. 에로틱한 분위기로 이끄는 말이나 행동은 사람마다 다르다. 바이오리듬이 다르듯 성욕도 타이밍이 항상 같을 수는 없다. 섹스보다 잠이 더 필요한 밤이 있고, 그가 다가오는 게 부담스러운 날도 있다.

'오늘은 사랑하고 싶다'는 눈빛을 먼저 보낸 남편이지만 몇 분을 견디지 못하고 고개 숙인 남자가 되기도 한다. '항상 잘해야 한다'는 강박관념이 남자에게는 있다. 물론 남자의 자존심에 수많은 핑계를 대겠지만, 그것을 눈치 못 채고 서운해할 일도 아니다. 노골적으로 농담을 하거나 위협을 한다고 될 일도 아니다. 남자도 자기 몸이지만 마음대로 안 되기 때문이다.

영화 〈더티 댄싱〉(2004)의 남녀 주인공(디에고 루나, 로몰라 가레이 분)은 격정적인 춤을 추면서 자신들도 몰랐던 춤의 본능에 빠지고 사랑은 깊어진다. 섹스도 춤과 같다. 서로 반응을 해야 본능도 올라온다. 손끝으로 톡톡 쳐줄 때 좋아하는지, 혹은 부드럽게 쓰다듬어줄 때 더 좋아하는지 그의 반응을 살피자. 반응이 없다면 살짝 다른 각도로, 혹은 손 대신 입술로, 발로 감각을 건드려보는 것이다.

지금까지 살면서 오르가슴을 거의 경험해보지 못했다고 억울해하지 말자. 왜냐하면 오르가슴은 상상과 환상적 요소로 만들어지기 때문이다. 단순히 생물학적인 몸의 반응이 아니다. 서로의 성감대에 반응하고 바이오리듬이 딱 맞을 때 몇 번의 절정이 있을 수는 있다. 하지만 갈수록 그 빈도는 적어질 것이다. '그는 세상에서 가장 섹시한 남자이고, 나는 그의 여자다' 그렇게 스스로에게 최면을 걸어도 좋다.

그동안 먹고 사느라 바빠 욕망이 끊어진 것도 모르고 살았는지도 모른다. 걱정이나 긴장 상태에서는 성욕도 죽는다. 지금까지 살면서 꼭꼭 걸어 잠갔던 단추를 하나둘 풀 때가 되었다. 굳은 내 몸의 긴장부터 풀어보자.

엉켜 있는 가족 속에서
분리된 나 찾기

집에서도 나만의 장소가 필요하다

소진 씨는 가끔 집안을 발칵 뒤집어놓는다. 가구 배치를 새로 하거나 못 쓰는 상자로 고양이 유모차를 만든다. 인테리어에 소질이 있지만, 살림살이를 거의 일주일에 한 번은 옮겨야 직성이 풀린다. 그럴 때마다 남편은 자기 허락도 안 받고 집을 바꿔놓는다며 버럭 소리를 지른다. 이사 갈 때마다 인테리어를 새로 할 수도 없고, 내 손으로 집을 편안하게 만들고 싶어서 그런다고 대꾸하지만 남편은 "멀쩡한 가구를 왜 자꾸 옮기느냐"며 뭐라 한다.

"내가 내 집 꾸미는데 꼭 허락을 받아야 해?"

우울한 마음도 들지만, 남편 역시 불만이 쌓여가는 것 같아 이쯤으로 끝낸다.

집에만 있다 보면 하루가 지루할 때도 있고, 스트레스가 생겨도 풀 게 마땅치 않다. 마음이 심란할 때는 소파 가죽이 벗겨진 것도 신경 쓰이고, 아이들이 놀다가 침대와 벽 사이의 좁은 공간에 떨어뜨린 인형을 꺼내는 일에도 슬슬 짜증이 올라온다. 그럴 때 아예 가구 배치를 바꾸면 스트레스가 풀린다. 하지만 남편이 반기지 않으니 그것도 쉽지 않다.

아무 말 없이 살림살이를 이리저리 옮기는 일이 빈번하면 함께 사는 남편이나 가족은 불편할 수밖에 없다.

가구를 자주 옮기는 것은 단순히 인테리어의 문제가 아니다. 뭔가 마음에 쌓인다는 신호이고, 가끔은 편안하게 쉴 수 있는 나만의 공간이 필요하다는 신호다. 소진 씨는 가구를 옮김으로써 가족의 틈바구니에서 쌓인 답답한 마음을 풀어내고 있는 것인지도 모른다.

그럴 땐 한 번쯤 속마음을 남편과 나누는 것이 좋다. "요가 매트라도 펼 수 있는 공간을 확보해서 스트레칭을 하고 명상도 하면 마음이 편해질 것 같다"와 같이 구체적으로 말하는 것이다. 그리고 "버릴 건 버리고, 새것으로 바꾸는 일은 너무 자주 하지 않겠다"와 같은 다짐도 해야 한다.

자신만을 위한 자그마한 탁자 하나 있었으면 하는 마음, 꽃도 꽂아놓고 차도 마실 수 있는 공간을 마련하고자 하는 마음은 숨쉬며 살고 싶다는 신호이다.

숨죽이며 사는 건 이제 그만

가구를 옮기는 것으로 마음을 푸는 것을 그만하고 싶다면 가족에게 "나도 혼자 있고 싶을 때가 있다"는 사실을 알려보자. 억지로 가족에게만 맞추다 보면 결국 지쳐서 멀리 도망가게 된다. 살기 위해 자기만의 비밀 시간을 만들게 되고, 그 시간이 늘어날수록 부부의 마음은 멀어질 수밖에 없다.

수정 씨는 요즘 작은 꽃가게로 아르바이트를 나간다. 자유로움이 느껴져 마냥 행복하다. 돈을 버는 재미도 있지만, 속박에서 벗어나 자신을 찾은 기분이다.

그런데 수정 씨는 "남편을 좋아해서 결혼했는데, 너무 무뚝뚝해서 서운할 때가 많았어요"라고 말했다. 얼마나 다정해야 '너무 무뚝뚝하다'라고 하지 않게 될까? 다정한 남자를 만났으면 행복하려나?

결혼할 때는 좋아서 했고, 성실히 일만 하느라 고생하는 남편이 안쓰러워 남편의 컨디션을 살피며 살았다고 한다. 남편에게 힘이 되고 싶어 친구를 만나도 남편의 퇴근 시간 전에 들어와 저녁을 지었단다. 그런데 우울증이 왔다. 집 안에 갇혀 있다는 느낌에 불쑥불쑥 남편에게 화를 내고, 무기력해서 며칠씩 밥도 못 하고 누워 있었다. 남편도 아내에게 문제가 생긴 것을 알고 처음으로 자유 시간을 준 것이다.

남편을 탓할 수도 없는 것이, 수정 씨는 스스로 세상과 담을 쌓고 남편에게 속박당한 경우이다. 수정 씨를 보면서 영화 〈내 사랑〉(2016)에서의 모드(샐리 호킨스 분)가 생각났다. 의지할 데 없던 모드, 살림을 해줄 사람이 필요했던 에버렛(에단 호크 분)은 침대가 하나밖에 없는 작은 집에서 동거를 시작한다. 팍팍한 에버렛에게 모드는 맞추며 산다. 그리고 중년이 되어서야 인간으로서 자신을 찾기 위한 짧은 가출을 시도한다. 여자들은 힘들 때 친정으로 기도원으로 산사로 여행지로 짧은 가출을 한다. 그렇게라도 숨을 쉬고 싶은 것이다.

이제는 숨죽이며 사는 일은 그만두자. 그래야 남편과의 관계도 회복된다. 〈내 사랑〉에서의 모드가 나중에 "당신에게 사랑을 받았어요"라고 고백할 수 있었던 것은 최소한 한 번은 남편을 떠날 수 있었기 때문이 아닐까? 물리적 분리는 정서적 독립을 증명한다.

나만의 시간을 갖자. 남편 때문에, 자녀 때문에 망설이지 말고 지금 당장 내가 하고 싶은 것, 가고 싶은 곳을 생각해보자. 내가 숨을 쉬고 마음이 여유로워져야 타인을 돌아보고, 더 잘해줄 수 있다. 부부라고 해서 모든 순간을, 영원히 함께할 수는 없다. '함께, 또 따로'를 실천해보자. 단, 떨어져 있는 시간이 길어질 때 행선지를 알려주는 것은 기본 매너이다.

감당할 수 있을 만큼만
하면 된다

못 해준 것보다 더 나쁜 것은 죄책감

　은정 씨는 결혼 10년 만에 이혼을 하고 고등학생 연년생 아들과 딸을 키우며 살고 있다. 학습지 교사를 하면서 아이들 교육비와 아파트 융자금을 갚아나가는데, 턱없이 돈이 부족하다. 새벽에 나가 제과점에서 아르바이트를 하고, 오후에 학습지 교사를 하고 나면 귀가 시간이 밤 10시가 넘는다. 아이들이 밥은 알아서 챙겨 먹지만 반찬이며 간식이 부실해 늘 미안하다. 남은 빚은 제대로 갚을 수 있을지, 애들 대학은 제대로 보낼 수 있을지 불안하고 무섭다. 융자금 갚는 날이나 애들 시험 때는 불안이 더 심해져 지하철에서 공황 증세로 쓰러진 적도 있다.

은정 씨와 똑같지는 않아도 힘든 상황에서 공황 증세를 경험하는 사람들이 꽤 있다. 일종의 불안 증세인데 완벽하게 잘하려는 사람들, 자신을 채찍질하는 사람들에게 많이 나타난다. 이런 사람들은 책임감도 강하지만 죄책감도 크다. 무책임한 사람들이 신경 안 쓰고 자기 편한 대로 사는 것과는 대조적이다.

죄책감이 불안을 가중시킨다. 아이들을 향한 미안한 마음은 지금보다 더 많이 돈을 벌고, 집도 쾌적하게 꾸미고, 아이들 밥도 챙겨야 한다는 완벽한 기준을 자신에게 지우게 된다.

'잘 안 되면 어때! 어떻게든 되겠지.'

'아이들에게 할 만큼 하고 있어.'

이렇게 스스로를 토닥여주어야 한다. 빚 걱정, 사는 걱정은 모두 미래에 대한 걱정이다. 힘들수록 현재에 집중해야 한다. 걱정은 그만하자. 떨쳐버리자.

그래도 자꾸 떠오르면 "나 요즘 힘들어"라고 누군가에게 털어놓자. 지금의 상황을 비밀로 간직한다고 내가 더 근사해지는 것도 아니고 숨긴다 해서 그들이 모르는 것도 아니다. 또 안다고 도움을 주는 것도 아니며, 어차피 내가 해야 할 몫이지만 최소한 마음은 가벼워질 수 있다.

공황 발작은 사람이 많은 출퇴근 시간이나 지하철, 버스 같은 분주한 상황, 밀폐된 공간에서 많이 발생한다. 그럴 때는 일단 지하철에서 내려서 환기가 된 장소로 이동하거나, 버스의 창문을 열어야 한다. 하지만 당장 쓰러질 것 같을 때는 옆자리나 앞에 있는 사람에게 도움을 청하자. 낯선 사람이지만 나를 도와줄 것이라는 확신만으로도 도움이 된다. 그 방법이 싫다면 언제든 전화를 받을 수 있는 가족이나 친한 사람의 휴대폰 번호를 단축키로 저장해놨다가 위급한 상황에 전화를 하면 목소리만 들어도 불안이 쑤욱 내려간다. 당황해 아무 생각이 나지 않을 때는 대처 방법도 들을 수 있으니 효과적이다.

'힘든 것을 숨기려다가 오히려 병이 생긴다.'

지금, 따뜻한 말 한마디면 된다

아무 고민 없이 사는 사람은 없다. 저마다 행복과 불행을 동시에 갖고 산다. 행복한 모습만 보여주고 살기 때문에 필요할 때 도움을 받지 못하는 것이다. 도움을 받는 것이 부끄러운 일은 아니다. 남의 도움을 요청하지 못하는 사람은 자신에게도 관대하지 않다.

멕시코 출신의 화가 프리다 칼로(Frida Kahlo)의 그림 〈두 명의 칼로〉를 보면, 오른쪽 여인이 왼쪽 여인에게 수혈하는 장면이 나온다. 보통 그녀의 남편인 디에고 리베라와 연결 지어 사랑을 받는 여인과 사랑을 상실한 여인으로 해석한다. 하지만 다른 시각으로 보면 두 여인은 칼로의 두 자아로 해석할 수 있다. 자기 속에 있는 힘의 원천을 지쳐 있는 자신에게 부어주고 있는 듯하다. 쓰러지고 힘들어하는 자신을 일으켜줄 수 있는 것은 다름 아닌 자신이다.

죄책감이 곁길로 가는 것을 막고 사람을 사람답게 만들어 주는 책임성을 강화시킨다해도 죄책감에 압도당하면 문제가 된다. 못 해준 것만 생각나서 무리해서 보상해주려 하거나, 보상해줄 능력이 없다며 미리 포기하게 될지도 모른다. 무엇이든 내가 감당할 수 있는 수준에서 해야 한다. 그때는 어쩔 수 없을 정도로 바빴고, 그럴 힘조차 없었다고 인정하고 받아들이자. 자신을 너무 몰아세우지 말자. 끙끙 앓는 모습을 내보여도 되고, 약한 모습을 보여도 된다. 쉬는 날엔 가족들의 밥을 챙기는 대신 늦잠을 자보자.

생텍쥐페리(Saint Exupery)의 《어린 왕자》는 동화지만 인생을 돌아보게 한다. 어린 왕자는 자기 별을 떠나는 마지막 날 아침에 주변을 깨끗이 정돈한다. 활화산과 똑같이 회생 불능일 수 있는 사화산까지 불쏘시개로 쑤셔준다. 바오바브나무 싹도 뽑고, 단 하나의 자기 꽃에 물을 주고 바람과 짐승으로부터 보호

해주려고 유리덮개도 씌워준다.

남들만큼 못해준다고 괴로워하는 대신 어린 왕자처럼 내가 할 수 있는 작은 것들을 해주면 된다. 큰 것을 해주려다 아예 못 해주거나, 힘이 생기면 해주려고 기다리다 아무것도 못 한다. 지금 해주는 따뜻한 말 한 마디가 자신이나 주변 사람들을 치유한다. 옛날에 못 해준 것을 생각하면서 자신을 책망하고 괴로워할 필요가 없다. 그때로 돌아가도 예전의 선택을 되풀이하기 쉽다. 그때는 그 결정이 최선이었을 테니 말이다.

그러니 '오늘, 나는 충분히 대견하다'라고 스스로에게 말해주자.

늘 그리운 존재,
엄마

갑자기 약해진 엄마

  일흔여덟 살 엄마는 몇 년 전부터 갑자기 치매 증상을 보였다. 방금 했던 얘기도 잊어버리고, 식사를 하고도 밥을 달라고 한다. 길을 잃고 밤늦게 귀가한 적도 있다. 마흔 살인 윤미 씨는 지금 그런 엄마를 돌보고 있다. 엄마는 치매약을 복용하고 있지만 크게 호전되고 있지 않다. 변비 때문에 관장을 해야 하고, 낙상사고 후에 집에 오래 누워 계시다 보니 욕창이 생겨서 머리 감기고 목욕시키는 것까지 윤미 씨가 다 한다.

  엄마를 다른 사람에게 맡길 수 없어서 남편과 의논한 끝에 윤미 씨는 직장을 그만두었다. 아기처럼 윤미 씨만 찾아 좀 쉬려고 소파에 앉기가 무섭게 달려가야 한다. 갑자기 물 달라고 소리를 지르며 화를 내거나 욕도 한다. 엄마의 변해가는 모습에 지치다가도, 해외여행 한번 못 하시고 돌아가실 것을 생각하면 마음이 아프다.

정정해 보여도 나이는 속일 수 없다. 칠순, 팔순이 되면 엄마는 약해지기 시작한다. 어느 날 갑자기 암에 걸려 투병생활이 시작되기도 하고, 치매로 정신을 잃기도 한다.

"엄마, 아무 걱정 말고 건강하기만 해요."

딸들은 엄마가 쓰러져도 다시 일어설 것이라는 믿음이 있다. 엄마를 잃는 것을 상상하기 힘들어한다.

딸들은 성인이 되면서 엄마와 갈등을 시작한다. 엄마의 좋은 말도 잔소리로 들리고 엄마처럼 살지 않겠다고 결심도 한다. 그렇게 엄마와 한번 아주 멀어진다. 그다음엔 급속히 가까워지는 계기가 있다. 결혼하면서 엄마와 헤어지는 것에 애틋해서 그렇고, 그다음은 엄마가 병이 났을 때다.

알게 모르게 딸들은 엄마와 정서적으로 통한다. 엄마가 불행해지는 순간, 딸들도 마음이 무너져내린다. 남편과 아이도 그 순간엔 보이지 않는다. 엄마의 불행에 울다 제정신이 들기까지 몇 달이 훌쩍 지나가기도 한다. 그리고 이유를 찾기 시작한다.

"평소에 운동을 안 했으니 그렇지."

"그렇게 병원 가기를 싫어하더니 병을 키웠어."

아픈 엄마를 향해 비난의 화살을 쏜다. 물론 평소 관리를 잘 하면 질병의 시기를 조금 늦출 수는 있다. 예를 들면 좋은 음식, 좋은 수면, 규칙적인 운동, 정기검진, 낙천적인 성격, 자연을 가까이하는 삶과 같은 것들이다. 하지만 관리를 잘해도 질병은 찾아오기 마련이다. 엄마는 딸이 아기였을 때 손톱을 깎아주고 귀지를 파주고 목욕을 시켜주었다. 행복한 콧노래로 자장가도 불러주었다. 이제 딸이 엄마를 그렇게 해드릴 차례가 된 것이다.

엄마 부양을 예상하지 못한 것은 아니지만 막상 다가오면 당황한다. 잘할 수 있을지 겁이 나다가도 '내 인생은 뭔가' 하는 무기력에 빠지기도 한다. 보험이라도 들어놓을 걸 그랬나 후회도 되고, 끝도 없이 들어가는 병원비와 요양비에 마음에 먹구름이 끼기도 한다. 빠르면 삼십 대에, 늦으면 사오십 대가 되어 대부분 겪는 일이다. '나는 피해가겠지' 생각한 사람일수록 이런 상황을 더 힘들어한다.

가장 어두운 순간에도 빛줄기가 있다

영화 〈다가오는 것들(Things to Come)〉(2016)의 주인공 나탈리(이자벨 위페르 분)는 치매 증세가 있는 엄마를 돌보며 바쁘게 사는 중년의 딸이다. 노인 요양병원에 가기 싫어하는 엄마는 소방서에 전화를 하거나, 나탈리가 수업하는 중에 전화해서 가스밸브를 열고 자살하겠다고 소동을 벌인다. 나탈리는 지치고 힘들다. 엄마 부양 때문에 정신이 없는 그 사이에 남편은 외도를 한다.

안타깝게도 힘든 일은 겹쳐서 일어난다. 자신의 욕구도 본능도 사라지는 아픔까지 겪어야 한다.

"나는 엄마랑 살았던 10년 동안 본능이 다 죽었어."

모든 걸 감당하다가도 원망이 나오고 한숨이 나온다. 그렇게 막막해도 일상을 살아가고 견뎌야 한다. 그렇게 끝날 것 같지 않던 일도 버티다 보면 언젠가 끝이 난다.

"남편이 떠나고 엄마를 떠나보내고 한 번도 겪지 못한 온전한 자유를 얻었어."

주인공 나탈리가 엄마의 장례식에서 만난 신부님이 한 말이 오래 기억에 남는다.

"소중한 유산을 잃었습니다. 유산은 다름 아닌 사랑과 소망입니다."

중년 여성으로 살아가면서 자신만 생각하기에는 무거운 짐들이 많다. 아이들을 다 키워놓고 나면 부모의 부양이 기다리고 있다. 자신의 노후 준비도 제대로 못 했는데 돈 들어갈 곳이 생긴다. 노약한 엄마를 부양하며 자신도 겉늙어버린다. 그렇게 엄마의 '죽음'을 마주하며 인생의 허망함을 느낀다.

나만 힘든 것 같은, 세상과 분리된 소외감도 느낀다. 그리고 엄마라는 따뜻한 끈이 끊어졌다는 공허감이 한동안 지속된다. 하지만 가장 어두운 순간에도 빛줄기는 있다. 엄마를 돌보며 함께했던 순간의 추억 말이다. 빠진 산소호흡기를 끼워드리고, 고름을 닦아드리고, 몸을 뒤집어드리고, 수액을 매달고 산책을 시켜드리던 순간을 떠올리면 한 줄기 빛이 마음에 비친다.

엄마에게 건네는 손길, 눈길, 미소는 내 것이기도 하다. 늙음과 죽음의 그림자가 드리워진 엄마는 미래의 나의 모습이며 유산이다.

내 감정
치유하기

나의 관계망 생각하기

　가족, 이웃, 친구, 직장동료 등 그동안 유지해온 나의 관계망
을 살펴보면 내가 왜 행복했는지, 왜 힘들었는지를 알 수 있다.
관계망에 대한 나의 생각을 들여다보자.

　– 내 생각에 참다운 관계는 ＿＿＿＿＿＿＿＿＿＿＿＿＿

　– 내가 가장 좋아하는 사람은 ＿＿＿＿＿＿＿＿＿＿＿

　– 내가 가장 싫어하는 사람은 ＿＿＿＿＿＿＿＿＿＿＿

나를 빛나게 해줄 사람들

나를 빛나게 해줄 사람은 따로 있다. 난 어떤 사람과 살고 있는가? 그리고 앞으로 어떤 사람을 만나고 싶은가? 나는 어떤 사람이 되고 싶은가? 나의 다짐을 적어보자.

내가 만나고 싶은 사람

- 부정 언어보다 긍정 언어를 많이 쓰는 사람
- 화가 많은 사람보다 화를 다스리는 사람
- 자기 말이 많은 사람보다 내 말을 들어주는 사람
- 다양한 직업, 문화, 나이와 성별, 지위의 사람들

나의 바람

- 부정 언어보다 긍정 언어를 많이 써야겠다.
- 화를 많이 내기보다 화를 다스려야겠다.
- 내 말을 많이 하기보다 다른 사람의 말을 들어줘야겠다.
- 다양한 직업, 문화, 나이와 성별, 지위의 사람들을 만나야
  겠다.

감정치유를
돕는 명언

나는 나를 외부의 시선으로 볼 능력이 없다. 우리 자신을 외부의
시각으로 보여주는 거울은 없다. 그러기 위해서는 다른 종류의
영혼, 시각과 생각의 다른 법칙이 필요한 것이다. _페르난두 페소아

명언 그대로 필사하기

_____

_____

나의 말로 바꿔쓰기

_____

_____

행동 변화 시도하기

평소에 타인을 의식해서 내 능력 밖의 일을 하고 있는가?
무리할 수 밖에 없었던 마음 속 두려움을 써보자.

"

당신은 지금도 앞으로도
안녕할 자격이 충분하다

"

6장
내 힘으로 경제력 가져보기

일단 집밖으로 나가세요. 일은 찾아야 찾아져요

상담자   어떻게 지내셨나요?

민영 씨   친구와 방탄소년단 음악영화 보러 갔다 왔어요.

상담자   우아, 그렇게 가고 싶어 하더니 다녀오셨군요.

민영 씨   얼마나 신나게 노래와 춤을 따라 했는지 애들 눈치
                 가 보이더라구요. 이 나이에 '빠순이'라니.

상담자   뭐 어때요. '빠순이' 해보니 어땠나요?

민영 씨   자라면서 사춘기라는 게 없었어요. 고생하는 엄마
                 가 안쓰러워 할 말도 못 하고 지냈고, 결혼해서는
                 나를 생각할 여유가 전혀 없었어요.

상담자   정신없이 살다가 이제 한숨 돌릴 여유가 생겼군요.

민영 씨   네. 게다가 딸이 중학생 때 잠깐 사춘기가 온 거예
                 요. 잔소리가 거슬렸는지 "엄마 참견 좀 그만하세
                 요" 하고 크게 성질을 내며 방문을 쾅 닫고 들어가

는데 정신이 차려지더라구요. 딸 간섭하는 거, 제가 좀 심했거든요. 이제 고등학교에 들어갔으니 저도 자제해야죠.

상담자 섭섭하지는 않았구요?

민영 씨 잠깐은 섭섭했는데, 어떻게 보면 내 손이 덜 가도 되니까 좋은 거죠 뭐. 남편도 승진하고 일이 많아졌는지 저녁을 먹고 들어올 때가 많아요. 헬스도 시작하고 자기 시간을 갖더라구요.

상담자 느껴진 게 있으세요?

민영 씨 나만 정체된 느낌? 뭐 그런 거요. 생각해보니 지금껏 취미 하나 없는 거예요. 같이 수다 떨 이웃은 있지만, 수다가 시간 낭비 같은 생각도 들구요. 스트레스가 풀려야 하는데 만날 애들 얘기, 남편 얘기, 아파트 평수 얘기만 하니 지겨워지더라구요. 발전적인 뭔가를 하고 싶어서 나를 돌아보게 되었어요.

상담자 보통 중년까지 혼신의 힘을 다해 맡은 역할을 해요. 극도의 긴장 속에서 살죠. 자기를 돌아볼 엄두도 못 냈을 것 같아요.

민영 씨 그랬던 것 같아요. 긴장에서 풀리니 허전하고, 지금처럼 단조로운 생활을 예순, 일흔에도 계속 한다고 생각하니 이건 아니다 싶은 거예요.

상담자 단조로움이 계속되면 어떤 일이 벌어질까요?

민영 씨 삭막하겠죠. 지금까지도 하고 싶은 것 못 하고 살았는데, 갇혀 있는 느낌도 들 것 같구요. 그렇다고 뭐를 시작하는 건 자신이 없어요. 당장 딸이 반항 좀 한다고 막막해서 탈출구를 찾느라 방탄소년단을 찾은 것 같기도 해요. (웃음)

상담자 '막막함'이 '용감해지는' 계기가 되기도 하죠.

민영 씨 뭔가 보람 있는 일을 찾고 싶어요. 한편으론 내 나이에 뭘 할까 싶기는 해요.

상담자 무엇을 시작하기에 늦은 나이는 없어요. 하지만 중년 이후에는 내면에 숨어버리지 말고 밖을 향해 나가야 해요. 동화책《행복한 여우》가 있어요. 주인공 붉은 여우는 어느 날 흰 털이 희끗희끗 보이기 시작하자 동굴 속으로 들어가버리죠.

민영 씨 나이만 먹었지 쓸모없는 인간이라 생각하니 우울해져 6개월은 집밖에도 안 나갔어요. 생각만 많아지고 답답하고 쓸쓸했어요.

상담자 마음이 헛헛하셨군요.

민영 씨 네, 헛헛하다는 말이 딱 맞아요. 그래서 돈을 막 쓰고 다녔던 것 같아요.

상담자 그렇다면 자신이 어디에 돈을 쓰는지 패턴을 살펴 볼 필요가 있어요.

민영 씨 처음에는 맛집을 찾아다니며 먹는 것으로 풀었고, 그다음엔 피부과 다니고 헤어스타일 바꾸고 외모 에 신경을 썼어요. 나중에는 그것도 덧없더라구요. 그다음엔 돈을 아무 데도 안 쓰고 악착같이 모아 재 테크하는 재미로 산 것 같아요. 그렇다고 재미를 본 것도 없지만요.

상담자 스트레스가 풀리기도 했지만 허무했을 것 같아요.

민영 씨 네, 이제 조금 정신이 드는 것 같아요. 현실적이 되 어간다고나 할까요. 다 해보고 나니 나이 먹어가는 것을 인정하는 것 같기도 하구요.

상담자 어떤 면에서 다 해봤기 때문에 후회는 없겠네요. 하 지만 나이 먹을수록 본능(이드)과 착함(초자아)의 균 형을 찾아가는 게 중요해요.

민영 씨 남들 보기에 잘살고 괜찮아 보이는 것에 매달려온 것 같아요. '착한 사람 콤플렉스'가 있었는지 참다 가 욕구가 폭발하면 가끔 뭔가 저질러요.

상담자 그렇군요. 먹는 것으로 푸는 구강기 욕구, 구두쇠처럼 돈을 모으기만 하거나 허비만 하는 항문기 욕구, 성취만을 위해 달려가거나 사랑에 매달리는 남근기 욕구가 모두 고착된 형태예요.

민영 씨 왜 고착이 되는 거예요?

상담자 과거의 상처나 불안 때문에 자신도 모르게 무의식에 매여 있는 거죠.

민영 씨 그럼 과거가 문제가 되는 건가요? 저도 어릴 때 못 살아 그런지 돈에 집착이 심해요.

상담자 꼭 그렇지는 않아요. 인지주의에서는 '실제 사건 자체'보다 그 사건을 의미 있게 해석한 '의미망(semantic network)'을 중요시해요.

민영 씨 지금이라도 새로운 목표를 정하고 싶어요. 제게 새로운 의미망이라면 소중한 곳에 돈을 쓰고, 돈도 벌고 보람 있게 사는 거예요.

상담자 민영 씨에게 의미 있는 일은 뭐예요?

민영 씨 나도 건강하고, 다른 사람도 건강하게 하는 일이요.

상담자 혹시 잘하는 게 있나요?

민영 씨 필라테스는 전문가 자격증이 있어요.

상담자 자격증까지? 놀랍네요.

민영 씨 운동을 워낙 좋아해서 하다 보니…. 그런데 아직 일한 경험은 없어서 받아줄 데가 있을지 모르겠네요. 남편도 은퇴할 날이 가까워오고, 노후 자금도 필요한데….

상담자 우선 그 계통 분들 만나보는 것은 어떤가요?

민영 씨 그렇지 않아도 지난번에 저한테 자격증 준 필라테스 소장님을 만나고 왔어요. 그냥 놀러갔던 건데, 와서 일 좀 도와달라고 하시더라구요.

상담자 한번 시도해볼 수 있겠어요?

민영 씨 하고 싶기는 해요. 주 3회, 낮 시간만 봐달래요.

상담자 그럼 가족들 없는 시간이라 괜찮은 거 아닌가요?

민영 씨 그런데 자격증만 있지 일을 해보지 않아서요.

상담자 처음에는 낯설겠지만 초보자의 마음으로 시작하면 되죠.

민영 씨 집을 비우면 엉망이 될까 걱정도 되고.

상담자 가족들은 뭐라고 하나요?

민영 씨 딸은 자기가 일찍 오는 날엔 알아서 챙겨 먹겠다며 걱정 말라고 해요. 엄마가 없어도 잘할 거라고.

상담자 사춘기가 지나면 아이들도 엄마가 집을 지키고 있는 것보다 밖으로 나가기를 원해요. 엄마가 일을 시작하게 되면 자연스럽게 분리도 되고요. 아이가 엄마를 절실히 필요한 유치원 때 일을 나가고, 아이와 정서적 분리가 필요한 사춘기 때 엄마가 일을 그만 두면 갈등이 일어나요. 타이밍이 최악인 거죠.

민영 씨 맞아요. 지금이 딱 그 시기인 것 같아요. 눈에 보이면 잔소리하게 되고, 딸이 괜찮다는데도 뭔가 해주려다가 부딪쳐요.

상담자 그럼 용기만 내면 되겠네요.

민영 씨 이삼십 대와 나란히 앉아 방탄소년단 영화를 봤던 것도 제게는 작은 용기였어요.

상담자 그럼요. 밖으로 나가는 시도 자체가 용기죠. 접힌 날개를 펴주고 흐르는 눈물을 닦아주는 것을 누군가 해주면 좋겠죠. 하지만 스스로 작은 거라도 시작을 해야 남도 감동시킬 수 있어요.

민영 씨 새로운 것을 시도하려니 겁은 나지만, 작은 거라도 시작해보고 싶어요. 직업을 갖는다는 생각은 오랜만에 해보는 것 같아요.

상담자 구체적인 행동으로 연결해볼 수 있겠어요?

민영 씨 네, 풀타임, 파트타임 이런 식으로. 소장님 만나서 3개월, 6개월 식으로 기간을 정해서 인턴 계약하는 것을 의논해봐야겠어요.

상담자   좋은 생각인 것 같네요. 의논하시고 다음번에 얘기
                    해주세요.

민영 씨   돈은 소소하게 벌면 되겠죠? 좋아하는 일을 하면
                    활력소가 될 것 같긴 해요.

상담자   진짜 하고 싶은 일은 '용기 있는 사람'만이 갖게 되
                    는 거예요.

민영 씨   네, 용기 주셔서 감사해요.

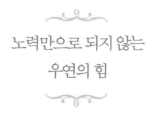

노력만으로 되지 않는
우연의 힘

살아가면서 우연이라는 변수는 항상 있다

　쉰 살의 경은 씨는 직장에서 인정받는 중견 간부이다. 여직원 승진이 어려운 회사에 입사해서 지금까지 성실과 노력을 인정받아 남들보다 빨리 이 자리까지 왔다. 지금까지는 성공가도를 달려왔다고 자부할 정도였다. 그러나 요즘 성과급이나 칭찬을 받아도 시들하게 느껴진다. 회사를 그만두는 것도 생각해봤지만, 남들보다 한 시간 일찍 출근하고 야근은 도맡아 하면서 여기까지 온 것을 생각하면 꾹 참게 된다. 그런데 최근 하루아침에 퇴사 통보를 받았다.

　남이 당한 일이 내게 닥쳐올 때는 마음이 가볍지 않다. 매일을 결투하듯이 살아온 사람일수록 그 상황을 인정하기가 더욱 쉽지 않다.

살아가면서 우연이라는 변수는 항상 있다. 갑작스러운 퇴사, 부도, 암 진단, 이별 통보 등이 그런 경우인데 좋은 일인지 나쁜 일인지는 지나봐야 안다. 그러니 평소에 '나에게도 어떤 일이든 생길 수 있다'는 생각을 해두는 것이 좋다.

어떤 우연은 삶의 행로를 바꾸기도 한다. 더 일찍 회사를 그만두었기 때문에 새로운 유망 직종으로 전환할 수 있고, 병이 걸려서 자신의 몸을 돌아본다면 그것도 유익이 될 수 있다. 이별 통보를 받고 실의에 빠져 자신을 성장시킬 수도 있다. 폐착이라고 생각했던 그곳에도 길은 얼마든지 생긴다.

프랑스의 화가 마리 로랑생(Marie Laurencin)의 전시실(한가람미술관) 벽에 이런 구절이 걸려 있었다.

'매일이 결투하는 것 같았다.'

'나는 스무 살이었다. 당시의 나는 슬프고 못생기고, 하여튼 아무런 희망도 없었다.'

이렇게 말했던 그녀는 피카소(Pablo Picasso)와 같은 당대의 남성 화가들과 겨뤄 손색이 없을 정도의 그림 세계를 구축한다. 그녀에게 작업의 황금기도 있었지만, 피하고 싶은 우연도 많았다. 미혼모의 딸로 태어난 일, 기욤 아폴리네르(Guillaume Apollinaire)와의 실연과 죽음, 전쟁, 독일인 남편과 망명 후 이혼해 파리로 귀국, 경제공황까지 그녀는 굴곡진 삶을 살았다. 살면서 느낀 고통과 외로움을 작업을 통해 승화시켰던 것이다. 일흔세 살에 심장마비로 죽는 순간까지도 붓을 손에서 놓지 않았다는데, 마지막 숨을 거두기 전에 손에 장미꽃과 아폴리네르 편지를 쥐고 있었다니 진정한 로맨티스트이기도 했다.

한때는 영화를 누렸던 그녀조차 〈잊혀진 여인〉이라는 시에서 잊히는 것을 두려워한다.

[중략]
나 홀로라기보다
쫓겨났어요.
쫓겨났다기보다
죽어 있어요.
죽었다기보다
잊혔어요.

우연을 통해 새로운 기회가 온다

중년이 되어 좋은 점은 잊히는 것을 조금씩 인정하게 된다는 것이다.

'잘나갔지만 그때 일이고, 지금도 이만하면 됐어.'

갈수록 쇠약해져가는 사회적 지위, 수입, 명성을 인정해야 한다. "아직은 더 열심히 일해야 해" 하다가도 스스로를 좀 봐줄 수 있어야 한다. 일자리는 줄어들고, 어떤 이유를 대서라도 회사는 인원을 감축하게 되어 있다.

"좀 더 노력했으면 퇴직 통보를 안 받았을 거 아냐?"

이런 말로 자신을 혹독하게 대하지 말자. 대신 이렇게 말해주자.

"좀 쉬어, 괜찮아."

몸이 따라갈 수 없어 열정을 놓아주니 몸의 나이만큼 마음도 어른이 되어간다.

세상일은 자신의 뜻이나 의지대로 흘러가지 않는다. 독하게 마음먹고 노력해서 자기를 증명하려는 삶의 방식을 이제는 그만두어야 한다. 우연을 통해 새로운 사람을 만나고 새로운 길이 열릴지 누가 알겠는가? 지금의 그릇을 비워내지 않으면 무엇이든 새로 담을 수 없다. 우연을 겁내지 말고 받아들이자. 지금 상황에서 자족하는 가운데 여유도 생기고 돈도 생긴다.

보이는 것만 좇다 보면 우연이 주는 기회를 놓치게 된다. 준비된 자에게 우연도 오니 한 우물만 파지 말고 두리번거려보자.

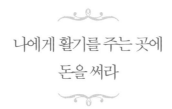

나에게 활기를 주는 곳에
돈을 써라

적은 돈으로도 활기가 생기는 원동력

미애 씨는 마흔아홉 살이 되면서 '쉰 살부터는 적은 돈이라도 나를 행복하게 하는 데 쓰리라' 다짐을 했다. 그 뒤로 일 년에 한 번은 저가 항공표를 사서 제주도에 간다. 유스호스텔도 이용하고, 비수기에는 숙박비가 1만 원인 민박을 가뿐하게 이용한다. 또 하나는, 자신이 대견하기조차 한데, 큰 맘 먹고 첼로를 시작했다. 주중에는 회사에 다니느라 못 하지만 주말만큼은 만사 제쳐두고 첼로 레슨을 받는데, 문화센터에서 운영하는 강의라 큰 부담도 없다.

자신을 위해 돈을 쓰는 것도 익숙한 일은 아니지만, 자신을 활기차게 하는 것이 무엇인지도 모르고 살아온 사람들이 대부분이다. 미리 준비하면 꽃중년으로 노년까지 살 수 있고, 준비하지 않으면 중년을 노년처럼 지낸다. 꽃중년으로 오래 살려면 자신을 살아가게 하는 힘이 무엇인지 찾아야 한다.

사람들이 알고 있는 나와 진짜 나 사이에 간극이 있다 해도, 주변 사람들은 평소의 행동이나 모습으로 진짜 나를 추측하기 마련이다. 일본의 작가 무라카미 하루키(村上春樹)의 책을 읽다 보면 그가 재즈와 마라톤을 즐기는 사람임을 알게 된다. 그는 재즈 카페를 열고, 각 나라를 여행할 때마다 재즈 레코드판을 수집하고, 세계의 마라톤대회에 참가하는 열정을 보인다. 그런 것이 소설이나 에세이를 쓰는 원동력이 되었을 것이다. 이처럼 직업과는 다른 차원에서 자신을 활기차게 하는 원동력이 누구에게나 있다.

취미든 일이든, 사랑이든 한번 시작하면 오래 지속하는 사람들이 있다. 10년 정도 흐른 뒤에 '나와 안 맞는 일을 계속 했네'라며 한탄하는 경우도 있지만, 그럴 땐 '왜 몰랐을까?' 하지 말고 자신이 정말 좋아하는 일인지 질문을 해보면 된다. 어쩌면 예상하지 못한 자신이 숨어 있을 수 있다.

"먹고 살기 힘든 세상이고, 돈이 정말 없다구요."

그럴 수 있다. 실업 상태가 몇 년 지속되었을 수도 있고 가족이 아팠을 수도 있다. 어쩌면 겨우 버티고 있을 수도 있다. 그러나 억지로 돈을 안 쓰고 모은다고 돈이 모이는 것도 아니니 이럴 때는 돈 생각하지 말고 눈 딱 감고 여행을 떠나라. 자신의 힘든 날들을 위로해주는 곳에 돈을 써라. 그 힘으로 다시 일어날 수 있다. 단, 멈춰야 할 때만 알면 된다.

사람마다 인테리어, 재테크, 자동차, 패션, 요리 등 자신을 흥분시키고 즐겁게 해주는 것들이 있다. 그것이 내게 어떤 의미가 있는지 아는 것도 중요하다. 그래야 짧은 즐거움으로 끝나지 않고 행복이 오래 간다.

성은 씨는 재테크에 관심이 많다. 관심사가 비슷한 사람들과 전문가 강의도 듣고 함께 투자도 하고 매물도 보러 다닌다. 금융 상품 수집가이기도 한 그녀는 카탈로그를 모아 공부하다 보면 벌써 부자가 된 것 같다며 활기차게 말한다. 성은 씨는 사업 침체로 지독한 가난을 경험했으며, 그 일이 계기가 되어 자신과 가족을 지켜주는 재테크에 몰두하게 된 것이다.

트로트보다는 클래식에 관심이 많지만 아는 게 없다 보니 멀게만 느껴진다면 한 달에 한 번 정도 음악회에 가는 것을 목표로 세워보자. 처음엔 낯설고, 귀찮아질 때도 있겠지만, 예매를 하면 억지로라도 가게 된다. 음악과 관련된 영화를 보는 것도 도움이 된다. 음악회 할인카드를 만들어도 좋고, 경제적으로 부담이 된다면 S석이나 B석에서 관람할 수도 있다. 그러다 보면 클래식과 가까워진다.

결핍과 절실함이 배움과 성장을 낳는다

호화품이나 큰돈을 들인 것만이 자신을 활기차게 만드는 것은 아니다. 적은 돈으로 자신의 욕구를 극대화하는 방법은 찾아보면 얼마든지 있다. 그러니 나를 위해 작은 사치를 부리자. 그것을 통해 내가 행복해진다면, 마음 한구석이 기쁨으로 채워진다면 그것으로 충분하다. 이것은 돈 낭비가 아니다. 나의 행복을 위해 의식주 해결만큼이나 가치 있는 일이다.

그러려면 자신을 다 안다고 생각하지 말고 새로운 것에 관심을 가져보자. 좋아하는 것, 잘하는 것이 아닌 싫어하는 것, 못하는 것을 해보자. 자신의 무한한 가능성을 상상하라. 부족과 한계를 인정하고 끝이 있다는 것을 알면 절실해진다. 생소한 것이어도 두렵지 않다. 절박하면 그냥 하게 된다. 어릴 때 할 수 없는 상황이었고, 어른이 되어서는 겁이 나 포기했던 것이 있다면 이제라도 시작하면 된다.

'예전의 나는 무엇을 좋아했고 어떤 재능이 있었나?'

나의 중요한 가치는 무엇인가? 남들이 몰려다니는 곳에 쓸데없이 돈을 낭비하지 말자. 무엇이든 자신을 살리고 활기차게 하는 곳, 자신의 욕망을 위해 살자.

영화 〈라라랜드〉(2016)의 주인공 세바스찬(라이언 고슬링 분)은 자신이 꿈꾸던 재즈 클럽 '셉스'를 만든다. 꿈의 도시 라라랜드가 세워진 것이다. '셉스'처럼 부자나 성공보다 자신을 행복하게 하는 일에 열정을 쏟자. 그것은 꼭 화려하지만은 않다. 오히려 그 반대다. 하지만 아름답다. 거품도, 남에게 보이기 위한 어떤 거짓도 없다. 그것만이 자신뿐만 아니라 다른 사람도 활기차게 만든다.

이제부터
진짜 하고 싶은 일을 꿈꾸자

휴일 아침에 눈뜨면 가출을 해보자

은수 씨는 엄마, 아내, 직책으로 불리면서 '나'라는 존재를 잊어버린 지 꽤 됐다. 요즘 의도적으로 명함에 '음악을 좋아하며, 기타 치는 사람'이라는 글자를 넣었지만, 누가 시킨 것도 아닌데 스스로 갇혀 지낸 것 같아 속상하다. 진짜 하고 싶은 일을 찾고는 싶은데 무엇부터 해야 할지 막막하다.

남들은 자유롭게 하고 싶은 일 다 하고 사는 것 같은데, 자신은 멈춰버린 시간 속에 있다고 느끼면 속상해진다. 스스로에게 올가미를 씌웠다 생각하면 자괴감까지 든다.

SNS에 올라오는 글을 보면 개성 있는 사진이나 글들로 빼곡

하다. 다 재미있게 잘살고 있는 듯하다. SNS로 대표되는 관음증 시대를 살면서 우리는 뒤처짐이 질투심으로 바뀌는 경험을 하고, 스스로를 초라하게 느껴 자신이 아닌 다른 모습을 추구하기도 한다. 그래서 그들은 지금 뭘 먹고 무슨 일을 하는지 염탐하다가 자신과 비슷한, 별 볼일 없다고 생각한 친구나 동료가 자신과 다르게 살고 있는 것 같은 생각이 어느 날 불현듯 들면 불안해한다. 그리고 '잘났어' 하며 빈정이 상한다.

보여지는 것과 실제 삶은 다를 수 있는데도, 비교를 하기 시작하면 욕망은 점점 커진다. 멈추지 못한 광기는 결국 자신을 불행하게 만든다. 남이 하는 것을 따라 할 필요는 없다. 그저 자신이 좋아하는 것을 하면 된다. 함께하면서 서로 힘이 되고 정보도 교환하겠지만 관계에서 일어난 스트레스까지 견디려면 쉴 틈이 없어진다.

하루 정도는 오롯이 혼자만의 시간을 즐겨야 한다. 본업과 부업을 바꿔서 해도 좋다. 자기가 좋아하는 것이 공예나 뜨개질이라면 그것을 본업으로 생각하고 하자. 그러다 보면 취미가 수입으로 연결되기도 한다. 물론 치열한 노력이 수반되어야 하겠지만, 소소하게는 누구나 할 수 있다.

처음부터 잘되지 않겠지만, 자신에게 시간을 쓰자. 휴일에 한 번쯤 가족을 챙기는 것을 미루고, 아침에 눈 뜨면 가출을 해보자. 집밖으로 나가보는 것이다. 직장과 집만 오가는 생활이 지루하고 답답하다면 좋아하는 장소 하나쯤 징검다리로 놓아 두자. 서점, 카페, 산책로, 미술관, 꽃집, 옷가게, 맥주집에 들러 가볍게 자신의 마음을 달래주는 것이다. 답답함을 환기시키는 정도의 시간이 걸리고, 약간의 돈이 들 수도 있다. 30분 정도 혹은 1시간이 필요할지 스스로에게 물어보면 안다. 그렇게 묶어놨던 마음이 풀리면 긍정 에너지가 자신에게로 향해 하고 싶은 일들이 생긴다.

답답하고 막막하다고 '남들은 뭐 하나' 하고 여기저기로 몰려다니다 보면 피로가 누적될 뿐이다. 매여 있던 삶이 싫다면서도 집단에 속해야 안심하고 혼자서 즐기는 법을 모르면 또 누군가에게 매이게 된다.

늦은 때란 없다

한 번도 해보지 못한 '빠순이' 노릇을 해보는 것도 나쁘지 않다. 야구나 축구 경기를 보러 가 선수들을 응원하고, 노래를 좋아하면 음악회에도 가자. 뒤늦은 사춘기를 겪어보는 것이다. 늦바람이 더 무섭다 하니 적당하게 수위 조절만 하면 된다. 분석

심리학자 융(Carl Jung)은 '자기라는 원형'을 중요시했다. 역할이 아닌 본래의 자기 모습이 원형이다. 잊고 살아온 자신의 본래 모습은 찾고 싶은 열망이 있어야 찾아진다.

이제부터 10년 혹은 20년 이후까지 할 수 있는 악기를 배우는 것도 좋다. 첼로, 피아노, 우쿨렐레 등 뭐든 시작해보자. 글쓰기나 그림도 좋다. 시바타 도요(柴田トヨ) 시인은 아흔부터 시를 쓰기 시작했다. 《인생에서 너무 늦은 때란 없습니다》의 저자이기도 한 모지스 할머니 역시 일흔여섯 살에 그림을 그리기 시작해 여든에 개인전을 열었고, 백 살에 세계적인 화가라 불리기 시작했다.

몇 번이 될지는 모르지만 새로운 도전을 계속 하자. 내가 하고 싶은 그것이 내게 항복할 때까지 하자. 그 마음이라면 그렇게 원하던 그것은 당신 것이 될 것이다. 일만 하고 살아온 세월이 아쉽다면 살림의 여왕이 되어보고, 자기 일을 해보고 싶다면 취미라도 시작하자.

지금 망설이면 10년 후엔 '그때 했으면 지금쯤은 한 가닥 했을 텐데…'라고 후회한다. 도중에 그만두더라도 도전해보자. 세월은 나를 기다려주지 않는다. 하고 싶은 것이 있다면 다른 짐들은 잠시 내려두고 '나를 위한 삶'에 도전해보자.

'되고 싶은 나' 되기
프로젝트

무엇보다 내가 좋아하는 일을 선택하자

　영란 씨는 20년 동안 공무원으로 지내면서 쉬지 않고 일을
했다. 남 부러울 게 없었지만 무엇을 위해 살았는지 모르는 공
허감을 느끼고 있다. 일이 손에 잡히지도 않고, 멍하니 얼빠진
사람 같다. 생활비 보태고 대출비를 갚아가며 내 집도 마련했지
만 허탈하다. 주말에도 가족에게 자신의 시간을 모두 반납하고
쉬지 못했던 일, 몸도 마음도 상해가면서 독하게 살았던 지난날
을 후회하는 순간이 온 것이다.
　열심히 잘살아왔다고 자부하지만 영란 씨처럼 '소진증후군'
에 시달리는 중년 여성들이 많다. 소진증후군은 '에너지가 고갈

되어 손 하나 까닥하기 싫을 정도로 무기력한 상태가 되어 어떤 것에도 흥미가 생기지 않는 상태'를 말한다. 뇌가 지쳐서 파업을 하겠다고 나선 것이다. 이런 사람들은 지난날 남을 위해 자신의 삶을 포기하며 살았을 확률이 높다.

이제 남을 의식하지 말고 '내가 하고 싶은 일이 무엇인지' 자신의 내면에 귀 기울일 때가 왔다. 내가 살아온 삶이 현재가 없는 삶, 미래만 지향하는 삶인지 돌이켜봐야 한다. 미래는 현재를 사는 사람에게만 주어진다는 사실을 잊지 말아야 한다.

세계적인 팝스타 마돈나(Madonna)는 지난 겨울 런던에서 리스본으로 가는 항공기의 이코노미 석에 앉아 있는 검소한 모습이 포착되어 화제가 되었다(조선일보 2017년 11월 2일자). 흔한 청바지와 오버사이즈 재킷 차림의 마돈나는 무대에서의 모습과는 상반된 모습이었다. 예순을 바라보는 그녀는 미국과 영국, 포르투갈을 오가며 자녀들에게 헌신하며 사는 것으로 전해진다. 마돈나가 개인 지출은 줄이면서 입양아들에 대한 지원을 아끼지 않는다는 얘기에 인생 전반기를 남들이 부러워할 만큼 화려하게 살았는데 무엇이 부족해서 인생 후반기엔 전혀 다른 삶으로 전환했을까를 생각해보게 된다.

자신의 삶을 돌아보자. 그동안 일만 하고 살았다면 가족들과 함께하는 시간을 가져보는 것도 좋다. 지금까지 가족과 자녀만을 위해 살았다면 이제는 자신을 위해 살 수도 있어야 한다.

대단한 일을 해야만 하는 것은 아니다. 내가 소중히 여기는 것에 정성을 들이면 된다. 조급함은 원하는 것과 점점 멀어지는 지름길임을 알아야 한다. '나는 무엇을 욕망하는가', '나만 생각하는가', '더 많은 사람과 더 넓은 세계를 위해 무엇을 하고자 하는가'에 대한 답을 찾아야 한다.

자신을 옭아매지 말자

스스로를 옭아매던 것들에서 벗어나 생각을 바꾸면 하고 싶은 일이 보인다. 그렇다 해도 자신을 꿈틀거리게 하는 그 무엇을 현실로 끌어들여 구체화하는 것은 별개다. 실천하는 사람이 될 것인지, 생각만 하는 사람이 될 것인지는 당신의 의지에 달려 있다.

그동안 하고 싶었지만 여러 가지 이유로 해보지 못했던 일을 시작하는 것은 한 인간으로서 자신을 찾고 잃었던 정체성을 회복하는 일이다. 직장을 그만둘 수 없다면 한 달간 병가를 내서라도 몸과 마음을 회복해야 한다. 두세 달 동안 휴가를 낼 수 있다면 이십 대에 꿈꾸었으나 포기했던 어학연수를 다녀오는 것도 좋다. 아무것도 제한하지 말고, 아무것도 예측하지 말고 실행해보는 것이다.

지금이 미래이고 과거이다. 지금의 내 모습과 행동으로 앞으로의 나를 예측할 수 있다. 현재의 모습은 과거의 집합체다. 젊고 늙음이 의미가 없다. 지금 자신이 하고 싶은 일을 해낼 열정이 얼마나 있느냐가 중요하다. 과거를 투정할 필요도 미래를 두려워할 필요도 없다. 되고 싶은 나를 위해 오늘 30분만 나에게 쓰자. 그 시간에 외국어 습득이든, 몸짱이 되는 운동이든, 마음을 다스리는 명상이든, 악기 연주든 하면 된다. 그렇게 하다 보면 어느 날 자신도 모르게 원하던 일이 운명적으로 다가오기도 한다.

'열심히 살아왔는데, 정말 내가 원하던 삶이었나' 하는 회의가 들더라도 '왜 바보같이 살았지?'라며 자신을 책망하지 말자. 열심히 하는 내공은 이미 쌓았으니 이제부터 정말 원하는 것을 하면 된다. 싫은데 억지로 하거나, 남이 하라고 해서 하는 일은 만들지 말자.

그동안 살아온 것을 토대로 해보지 않은 것을 시도해보자. 돈과 명예, 성공을 목표로 한 삶이 채워주지 못한 것, 가족을 위하느라 하지 못한 일들에 도전해보자. 새로운 일에 대한 도전이 겁나고 자신이 없더라도 일단 시작해보자.

100세 인생에서
내가 할 수 있는 현역

좋아하는 일만 할 수는 없다

지원 씨는 쉰 살까지만 회사에 다니고, 그다음은 하고 싶은 일을 하며 살겠다고 다짐해왔다. 직장을 몇 번이나 그만두려 했지만 결국 가족을 위해 꿈을 접고 살았다. '조금만 참자'며 버티고 있지만 쉰 살부터 정말 하고 싶은 것을 하며 살 수 있을지 고민이 된다.

자기가 좋아하는 일을 하면서 돈을 버는 사람은 많지 않다. 어쩌면 자신의 재능을 펼칠 수 없는 곳에서 몇 년을 지내고 하기 싫은 일을 하면서 하루하루를 살아가는 게 평범한 우리네 삶일 것이다. 우리는 힘들다, 힘들다 하면서 서로 보듬으며 살아간다. 자기가 하고 싶은 일만 하며 잘 지냈다면 몰랐을 비애를 나눌 수 있는 사람들이 값진 재산으로 남아 있으니 됐다. 그래도 뭔가 아쉽고, 예순 이후에도 현역으로 뛰고 싶다면 최소한 쉰 살에는 시작을 해야 한다. "은퇴하고 나니 봉사를 하고 싶어도 뭘 해야 할지 모르겠어." 이런 말을 의외로 많이들 한다.

나이 오십에 아이 공부 때문에 호주로 떠나는 소윤 씨는 요즘 머리염색 기술을 배우느라 바쁘다. 가게 일로 바쁘지만 틈틈이 단골 미용실 원장님을 만나 여러 컬러로 염색하는 연습을 하고 있다. 의류 수입품 가게를 하던 사람이 뭔 말이냐 하겠지만, 소윤 씨는 새로운 곳에서 아이를 키우며 조금이라도 돈을 벌어보겠다는 소소한 꿈을 꾸고 있다.

"지금 손님도 많고 월수입도 꽤 되는데, 아깝지는 않고?"

"20년 넘게 일만 했는데, 이제 여행이나 다녀."

"거기 가면 뭐 하고 살 거야? 겁은 안 나? 영어는 되고?"

주변 사람들의 걱정과 달리 소윤 씨는 뭐가 문제냐는 표정이다. 돈이 전부가 아니고, 지금은 아이와 자신을 위해 도전해보겠다고 말한다. 물론 남편의 지지와 동의도 한몫했다. "지금까지 일만 했으니 이제 자기가 해보고 싶은 일을 해봐"라는 말에 용기를 냈다고 한다. 영어든 일이든 겁내지 않고 해낼 것이라고 야심찬 포부를 다진다. 서툰 일본어로 일본을 오가며 의류 수입

일을 해내온 자신을 믿어보겠다는 것이다. 한번 무언가를 성취해본 사람은 무엇이든 다시 시작할 수 있다.

"그거 해서 뭐 하려구요?"
이런 질문은 많이 받을수록 좋다

핵심은 희소성이다. 나만이 할 수 있는 것, 내가 잘할 수 있는 것이 무엇인지 찾아야 한다. 대단한 일은 아니더라도 월수입 100만 원이라도 꾸준히 들어오면 만족한다는 마음으로 시작하면 된다. 자신이 쌓아온 경력으로 효율적으로 일하던 때와는 달리 '10만 원도 소중하다'는 마음가짐이 중요하다. 이웃집 아이와 놀아주다 베이비시터가 되기도 하고, 내가 만든 샐러드를 SNS에 올렸다가 주문이 들어오면서 도시락 사업을 시작하기도 한다. 과거에 생각하지 못했던 일들이 틈새가 될 수 있다. 아직 고정적인 일이 있다면 다른 쪽 문은 열어두는 것도 괜찮다.

찾아오는 손님이 많아 눈코 뜰 새 없이 바쁘고 충분히 돈을 번다 해도, 일부 바쁜 고객들을 위해 배달 서비스를 시작할 수도 있다. 당장은 하기 싫은 일이고 필요 없다고 생각할지 모른다. 하지만 더 나이를 먹었을 때 그것이 자신의 틈새 일자리가 될 수 있다.

평생 사무실에서 일했다면 몸을 움직여 하는 일로 이제까지와는 다른 삶을 살아보는 것도 좋다. 텃밭 가꾸기로 무공해 식재료를 얻을 수 있고, 적은 자본이지만 주부 백단의 실력으로 골목에 라면 가게나 작은 카페를 창업할 수도 있다. 리본이나 구슬공예 아르바이트도 있다. 단순작업을 집중해서 하다 보면 마음이 진정되는데, 약간의 수입까지 생기면 좋지 않을까. 머리만 쓰는 일과 달리 손, 발, 몸을 쓰면 마음이 아이 때로 돌아가는 효과가 있다. 감성이 살아나 긴장이 풀리면서 마음까지 즐거워진다.

당장은 필요해 보이지 않아도 현재에 머무르지 말고 앞으로 할 수 있는 일들에 호기심을 가져보자. 미처 발견하지 못했을 뿐, 누구든 자신도 모르는 숨은 재능이 있다. '경력이 안 된다', '못 한다'는 생각을 버리고 일단 해보고 싶은 것에 도전하자. 호기심, 창의성, 사람과 자원을 연결하는 사회성은 4차 산업시대 이후에도 유용한 특성이다.

"그거 해서 뭐 하려구요?" 이런 질문은 많이 받을수록 좋다. 그것이 남들이 생각하지 못한 직업이 될 수도 있고, 새로운 수입원이 될 수 있으니.

내 감정 치유하기

도전정신 테스트

사십 대까지는 '짧고 굵게' 돈을 버는 게 목표였다면, 은퇴가 다가오는 오십 대부터는 '가늘고 길게' 돈을 버는 것을 목표로 세우자. 현재의 직업에 만족하더라도 건강, 체력, 미래의 가능성을 보고 시야를 넓히는 사람이 아흔이 되어서도 현역으로 뛸 수 있다.

나는 새로운 것을 시도하는 사람인지를 알아보고 싶다면 '도전정신 테스트'를 해보자. 당신은 어느 쪽인가?

자신 있는 일만 골라 한다. 이미 알고 있거나 했던 일만 한다. 일이 생각대로 안 되면 바로 포기한다. 새로운 것을 배우는 것이 힘들다.	못하는 일도 시도해본다. 처음 해보는 일을 두려워하지 않는다. 생각처럼 안 되어도 다른 방법을 찾는다. 새로운 것에 대한 호기심이 있다.

VS

초보자의 마음으로 시도하기

전업주부로서 새로 직업을 찾거나, 워킹맘이지만 제2의 직업을 찾고 싶다면 최소한 사십 대부터는 투자를 해야 한다. 처음 배우는 것은 누구나 서툴고 실수도 할 수 있음을 인정하자. 초보자의 마음으로 배운다면 충분히 가능성이 있다. 무엇보다 생각에 머무르지 말고 한 걸음이라도 실천하는 것이 중요하다.

– 직업을 바꿀까? (X)

➡ 직업을 바꾼 사람을 만나보자. (O)

– 전일제 근무가 맞을까? (X)

➡ 전일제 근무의 장점과 단점을 써본다. (O)

취미와 직업 연결하기

취미생활도 직업에 도움이 되는 것을 찾으면 좋다. 예를 들어 노래 강사가 취미로 춤을 배우면 직업이 더 돋보일 것이다.

대형 카페를 운영하는데 북 카페를 하고 싶다면 책에 대한 공부를 시작하면서 책모임을 작은 규모로 시작해볼 수 있다. 큰돈을 욕심내기보다는 처음에는 투자한다 생각하고 배우는 자세로 시작해야 좋은 결실을 얻는다.

– 대형 카페를 운영한다면 작은 책 모임을 시작해본다.
– 보컬/노래교실 강사라면 춤을 배워 더욱 흥이 넘치는 강의를 한다.

감정치유를
돕는 명언

존경받을 자격이 있고, 존경을 획득하고, 사람들의 존경과 감탄을
즐기려는 것은 야심과 경쟁심의 위대한 목적이다. _애덤 스미스

명언 그대로 필사하기

나의 말로 바꿔쓰기

행동 변화 시도하기

부와 권세를 얻고 싶은 나의 속마음은 무엇인가? 만약 하루 1시간을
투자해서 기적이 일어난다면, 무엇을 하고 싶은지 써보자.

마음을 다독이는 감정수업

초판 1쇄 인쇄 2023년 05월 07일
초판 1쇄 발행 2023년 05월 15일

지은이 곽소현
펴낸이 최동환
기획편집 정희숙
표지 · 본문 디자인 정종덕

펴낸곳 길위의책
출판등록 제 2023-000048 호 · 2015년 9월 23일
주소 10201)경기도 고양시 일산서구 구산로 69번길 13-37
전화 031-925-3470 팩스 031-925-3471
블로그 https://blog.naver.com/roadonbook
전자우편 swdtp21@hanmail.net

ⓒ 곽소현

ISBN 979-11-8915-26-3(03180)

이 도서의 국립중앙도서관 출판예정도서목록(CIP)은
서지정보유통지원시스템 홈페이지(http://seoji.nl.go.kr)와
국가자료공동목록시스템(http://www.nl.go.kr/kolisnet)에서 이용하실 수 있습니다.
(CIP제어번호 : CIP2020014246)